Kanaa gurii kaa Masaraa nîŋa

Ibrahim Yaya Abdarahman
Juma Ibrahim Harun, Abderazik Mahamat Ahmat, Nuraddin Ahmat Abdalla, Ishak Kamis Mahamat, Gamaraddin Mahamat Harun, Matar Mahamat Sileman, Abdalmajid Abdalla Sileman

A history of the Massalit people

Équipe de développement de la littérature massalit
Hadjer Hadid
Tchad
2021

Langue : massalit, parlée dans la préfecture d'Assoungha à l'est du Tchad, et au Soudan, surtout dans l'Etat fédéral du Darfour occidental.

Titre en français : Histoire du peuple massalit

Genre : Histoire

La plupart du texte est une traduction de portions de l'ouvrage de Ibrahim Yaya Abdarahman, paru en arabe sous le titre **"Masalit/Masaraa"** *en 2008, traduction faite avec sa permission. Des informations complémentaires ont été obtenues des sources précisées dans les remerciements.*

Traducteurs/Rédacteurs :
Juma Ibrahim Harun, Abderazik Mahamat Ahmat, Nuraddin Ahmat Abdalla, Ishak Kamis Mahamat, Gamar Mahamat Harun, Matar Mahamat Sileman, Abdalmajid Abdalla Sileman

Photos de la couverture : Zeke duPlessis, Eunice Kua, Marthinus Steyn

© 2015, 2017, 2021 *Équipe de développement de la littérature massalit, Hadjer Hadid, Tchad*
2ème édition, 2021

KANAA

I KAA MASARAA..8
- Masaraa i ŋgata ye?...8
- Masaraa nî dumi ("asli")...8
- Jiya Masaraa nî sene 1870 molo ândol.........................11

II SULTANTA MASARAA NÎŊA....................................13
- Sultan Mahamat Âli Tûrkucha......................................13
- Sultan Masaraa nî mbarlaŋa gi: Hajjam Hasaballa Fartag (1874-1885)..13
  - Firchen Dar Masara taŋa..13
  - Hajjam ti turnaŋi to..14
  - Hajjam ti ŋgonda yoŋ?...15
  - Hajjam ŋgo ken Masaraawo tucuŋa...........................16
  - Hajjamko ŋgo ken hukum molo indisa.......................16
- Sultan Masaraa nî kaŋgalaŋa gi: Ismayil Âbdulnabi (1884-1888)..19
  - Fâki Ismayil ken saltana tula gi..................................19
  - Njeba Fâki Ismayil ta...20
- Sultan Masaraa nî aslaŋa gi: Âbakar Ismayil (1888-1905)........22
  - Sultan Âbakar taŋa gâyiriya kaa taŋa mbo.................22
  - Gani sultan ta gi..23
  - Bûrti hukum ŋundi gi to...24
  - Juri Chawa ta (sene 1905)...27
  - Masaraa darko le warcana nî gi.................................30
  - Masaraa darta waka wî..32
- Sultan Masaraa nî turlaŋa gi: Tajaddin Ismayil (1905-1910)...34
  - Jurin Dar Masara taŋa koroo Masaraa nîŋam lasira (sene 1905)..34
  - Juri Kejkeje tag (sene 1905)......................................36
  - Rôgora Tajaddinta Âli Dinar mbo...............................38
  - Juri jâribe ta..39
  - Faransiyinta Dar Masaram ma way-kede wâyirna wî...43
  - Faransiyinta Dar Masaram waya gim.........................46
  - Ŋori Kîrindaŋ tag (jo 4 aye 1 sene 1910)...................47
  - Ŋori Dôroti tag (jo 9 aye 11 sene 1910)....................53
- Sultan Masaraa nî itilaŋa gi: Mahamat Baharaddin "Ndoka" (1910-1951)..56
  - Sultan Tajaddinko uya-kunuŋ....................................56
  - Lâsira Faransiyinta nî..56
  - Âli Dinar taŋ gûrdariya..57
  - Mayagine Dar Mabam Dûd Mura taŋ kaa.................58
  - Gûcaa Baharaddin taŋa (sene 1911-1912)................58
  - Kana Faransiyinta irnen Dar Masaro nûtaŋ ûŋa gi....60

Mayagine Dar Masaram kûde na wî..................................61
Wâci Bâdawi ta (sene 1913)..66
Bâdawi kûti tîyar ta tam tuŋuŋto tindana.........................69
Gûcaa Baharaddin taŋa Faransa mbo landir jera................71
Îŋgiliz Fachir taya gi (sene 1916)....................................73
Îŋgilizta Dar Masaram dûkumta ena wî...........................75
Ndoka mbo hâkkuma Îŋgilizi mbo hâkkuma Sudan ta gi mbo ûcaŋa wî (sene 1920)..77
Îŋgiliz kar Jinene tayarni gi (sene 1922)..........................79
Gâyiriya Ndoka mbo hâkkuma Sudan ta gi mbo (sene 1922)........80
Lardi Sudan mbo Cad mbo olona Faransa mbo Îŋgilizi mbo ûcaŋa gi...81
Gâyiriya Îŋgilizta Dar Masaram landir jera......................82

Sultan Masaraa nî mârlaŋa gi: Abdarahman Baharaddin (1951 - 2000)..83
Dâlime Sultan Abdarahman ta gi....................................83

Gurnanja darajeṉ Dar Masaram..86
Wâkit Sultan Hajjam ta gim...86
Wâkit Sultan Ismayilta kima ta Âbakar mbo wâyirnag.......86
Gurnanja âbbaŋaa nî gi..87
Firchekandi mbo darjeṉ tuu mbo....................................90
Wâkit Sultan Ndoka Îŋgilizta mbo tindenni gi..................90
Gâyiriya njiŋanta mbo wândaŋina gim............................92
Jubbu geya ŋundi njiŋanta nî Dar Masaram ena ili..........93
Dîginiye..94
Bîyekandi jubbu geya ŋundi gi tag..................................95
Masaraa njiŋanta nî jam sule kidimem nîŋa wî................97

Giraye Dar Masaram...98
Kimiṉ gîlaŋ gâr nena wî..98
Âfandiṉ gîlaŋgu Dar Masaram nândaŋina wî.................100
Majirinta Dar Masara molo Mâsar naka ila....................100
Madarsaṉ Dar Masaram hâkkuma taŋa gîlaŋ na wî........102
Giraye mâsik taŋa...104
Makatar girayem gîkeya nû...105

Kanaa gurii gâdiṉ nîŋa ûwaṉ Dar Masaram ken ela...............111
Gâdiyeṉ hillem wayawenniŋa wî...................................111
Kirama..111
Sijinta guru igerniŋa wî..112
Gâdiṉ Dar Masaram..113
Gâdiyeṉ Dar Masara taŋa...115

Bûrti kaa Masaraa alle guru iyenni gi..............................120

III GANI MASARAA NÎ...122

Dar Masara sene 1874 ma tû-kede saltana Furta nîŋam tinda ilim..122
Dar Masara saltana unduŋa molo sene 1874 molo gô do sene 1922 ilim..123
Dar Masara sene 1922..123
Lardi Dar Masara ta..124
Masaraa ganii inda wî...126

IV SUTUN̦ MASARAA NÎŊA..127
Sûtuŋ Masaraa nîŋa dûsuŋ îniŋa mbo.........................127
Firchekandin̦ Masaraa nîŋ dar Sudan mana wî.............139
1) Firchekandi N̦erneŋ nîg...139
2) Firchekandi Fûkun̦aŋ nîg.......................................144
3) Firchekandi Mestereŋ nîg......................................147
4) Firche Mahamat Yakub Rîzig.................................152
5) Firchekandi Kariyaŋ nîg..154
6) Firchekandi Âjumaŋ nîg..156
7) Firchekandi Bede Korŋgon̦ok tag...........................157
8) Firchekandi Kusube nîg...160
9) Firchekandi Mînjiri nîg..161
10) Firchekandi Hâbila tag...166
11) Firchekandi Gûbbe tag...168
12) Firchekandi Forboroŋa tag....................................170
13) Firchekandi Kino tag..171
14) Firchekandi Kôbore tag..172
15) Firchekandi Tachafa Fûkun̦aŋ nîg........................174
16) Firchekandi Kîrendik tag......................................176
17) Firchekandi Jamal Bâdawi Katir "Bidine" tag.......177
18) Firchekandi Chelbe tag...178
19) Firchekandi Kase Jinene molo saba nag................178
20) Firchekandi Sileman Dîna tag...............................179
21) Firchekandi Dar Kase tag......................................181
Masaraa Sudan mo gani tuum inda wî.........................184
Masaraa Gireda taŋ mbo Jokhana Zarga taŋa mbo.....184
Masaraa Gadarif taŋa..185
Kontoŋ Masaraa nîŋ dar Cad mana wî.........................186
1) Konto Geren̦e...186
2) Konto Barde...190
3) Konto Kâdo..193
4) Konto Môlo...197

    5) Konto Mabrun..200
    6) Konto Turane..200
    Masalat Am Ndam..201
    Masalat Am Hajar..201
Sininta kanaa wî ûka wî nîŋa wî................................202
Kanaa bokoŋa..205
TÎNA..206

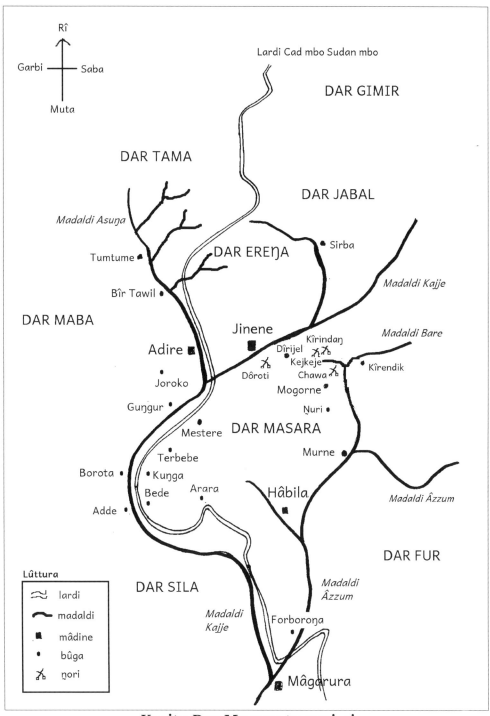

Karita Dar Masara ta guri gi

I KAA MASARAA

Masaraa i ŋgata ye?

Masaraa i sutu ye, mirsi taŋa du Masalit, Masalat, Masaltaŋ, Musalat uriye. Kana ârinjeka mbo tîŋgi sadko (ص) leyu sîn (س) mbo igegiye, hâgudu ârinjek mbo "Masalit" uri ye, masarak mbo du "Masaraa" uriye.

Kaŋgi ti de gîlaŋ Masaraawo murabbam katab ken nunduŋa gi Mahamat Umar te, Mahamat Umar ti Tûnisi ye.

Hâgudu Masaraa i sutuṉ tuu wîwo mirsi îniŋ masaraka mbo uriye. Masaraa i Zagawawo Zogokor uriye. Hâgudu Bôrgoowo du Mabaa uriye, hâgudu Dajoowo du Bereeje uriye, hâgudu Tamaŋ mbo Ereŋa mbo du Aboje uriye, hâgudu Arabtawo du Ârinje yoŋ Ṉâltiṉ yoŋ uriye.

Yagu "Masalat" ba ira-ken, Masaraa Gireda taŋa mbo Jokhane Dar Fur molo muta na gi taŋa wî mbo, hâgudu Masaraa Am Hajar taŋa mbo Am Ndam taŋa mbo ye. Hâgudu "Masaltaŋ" ira-ken, Masaraa dar Surbakal taŋa mbo hâgudu Ateche taŋa mbo ye.

Hâgudu Masaraa tuu ganii tuum ninda wîwo kooy "Masaraa" de uriye. Masalatta mbo Masaltaŋ mbo Masaraa mbo kooy toron Masaraa de uriye, hâgudu sutuṉ tuu wî koy intawo Masaraa de uriye.

Masaraa nî dumi ("asli")

Masaraa nî dumi gu kaa kâddur de ûre, yagu ŋgo irayoŋ njegel kena kinaŋi:

1) Masaraa i Afrikiya rî dollo nara lo, saram koy sâsi cukani kûllaŋ ela ila âmin-âmin koy inde. Sa tu "Maddo" uri hille Sudan Saya ira gi molo rî dollo tinde, hâgudu Masaraa mbo Mîmi mbo Zogokor mbo gîlaŋ ko madaldi Hawar nuṉuṉanniṉa yere. Masaraa madaldi molo muta do uṉuṉanniye, hâgudu Mîmiṉ du madaldi molo rî dol lo uṉuṉanniye. Masaraa nî dûluŋa gu "Gawra" uriye, âmin-âmin koy dûluŋa tindaye.

2) Masaraa nî ûwa gu Mahamat Musallat uriye. Ti Hijas mo (*Makka al-Mukarama*) nîndinni ye.

3) Masaraa i sutu îni "Mâgzum" uri lo dar Mogorib lo Tûnis lo Jazayir lo tîŋar kar Dar Mabam ṉuŋ îndiyka, kurnaŋ sabbu ken dar Sudan kanaŋ ko gani îni âmin-âmin inda gi nda tumaṉen, sêy-sêy-kodo, sene 1918 ilim Sudan mbo ûrmanaye. Masaraa i âmin-âmin kûjo îni gi jaribe Baharaddin ta gi ye.

4) Âfandi Chekadin Usman kima Bachiri ta, ti kitab tarik dar Afirikiya rî ta Sudan noŋ Lîbiya noŋ Mâsar noŋ Usubiya noŋ Cad noŋ, wîwo nîndiŋara lo ŋgo tire, "Kaa Sudan mo garbi ninda wî mbo Lîbiya muta ninda wî mbo kooy i de ye, iṉiŋiro enende" tîrnaŋa.

5) Masaraa intawo "Masalatta" uriye, gani îni Lîbiya kuma Nafusa Tarabulus molo garbi na gi dollo nindinniŋa ye. Kana gu kallo ndeteŋto ninnde-ken, kitab *Manhal* uri tarik Tarabulus garbi to nene ilim waraga caki 286 ilim rakiti.

6) Fâki Ismayil Âbdulnabi ti Ârinje Gurechi Guzama mana ye. Ûwaṉ taŋa wâkit kalifa Bâni Umaya taŋa ilam Mâsar lo bûrti Jazayir ta gu kîbin nîŋara ye. Hâgudu Fâki Ismayil giraye taŋa Mâsar Jama Âzhar gâr tenaye.

7) Kana "Masaraa" in ira gi mirsi hille Musurat dar Tûnis

ninda ili taŋa yaka, kul Masaraawo Masaraa uruŋaye.

8)   Masaraa i ratati Abu Jahal ta lo Chibi Jazira Arabiya lo nîŋara ye. Ndînjara îni gu jako îndinjito îya ru nîŋara ye. Tîŋar Mâsar ko gar-gar tîŋ garbu ken ko Lîbiya lo Tûnis lay iriŋarniye. Ganii îniŋa indirniŋa ila Musurata lo Kufra lo Tûnis lo inde-de, Islam tanarkarniyere.

Hâgudu ili molok kurnaŋ mutu ken sara kâddi gu bûrti Faya ta gi mbo Kufra ta gi mbo tîŋaru, saro efela. In ken Masaraa sîr ena îrnaŋanniye. Hâgudu saro kefel ko, gani ûnjura gi du gani aŋgo furŋgi Dime ira ili ta gani ilim ûnjuranniye. Aŋgo iliwo Zogokor mbo Guranta mbo ko ulusinniyere, i âmin-âmin koy ko ulusiye.

Hâgudu ili molok kurnaŋ bar Cad ta gim ko inderka, ili molok kurnaŋ madaldi Bata ira ilam ko-kodo, gani Am Hajar lo Am Ndam lo madaldi Hamare lo uṉuŋanniyere. Ganii ilam âmin-âmin koy Masaraa kâddur indaye. Ûwaṉ îniŋa du as yere, tu Asuŋa ye, tu Abu Ker, tu du Rahma, tu du Hâmndun uriye. Ganii ilam kâddur de uṉunanniye, yagu tuu kurnaŋ sabbu ken gani Dar Masara ta âmin-âmin inda ilim ko ûnjura, gani nda tumaṉen ilim ṉuŋ riŋ indaye.

Kaa ko warkaniŋa ila i Firtitta mbo Ruŋa mbo ye, i du kûmacim dole de ninderniŋa ye. Masaraa i dîrije mbo dee mbo tîce mbo jôci mbo nenee lo kûmacim oyonnde, madari kanaa mbo bulayeṉ mbo rûcuŋ ûṉuŋare.

Hâgudu kaa kûmaci mana wî mbo wâyirire, Masaraa i ware-gim, kâcamuu mbo ababatta mbo asee soror mbo inko kul nar oyerniye. Yagu kaa kûmaci mana wî du wîwo osendire, i talabun[1] ira guwo de îndisere.

---
1   Talabun ira gu tiro asee noŋ îndiserniye.

Yagu kaa malta kâddur nenee wî, kûmaci goṇ mo jiya îya rînaŋu, madari rûcu Forboroŋa lo Mâgarura lo, Aram Tandala lo Goṇ Furŋga lo, Ûnunuŋ lo Tîrti Joroko lo waka. Hâgudu kûmaci nîŋ goṇ mo nêreŋa ila, kûmacim dole ninda wî mbo kâyiri, jî mbo ṇamii mbo nîŋge, hâbutuu îniŋa ila mbo nûnduru ige noŋ, inta mbo jîse lîrariya wândaŋinanniye.

Hâgudu jîse lîrariya îniŋa wî du "Tûti-tûti" ru igenniye, hâgudu tûkan du "Tûka-tûka" rînaŋ ilisinniye, in ken Masaraawo Tûti urinniye. Ili molo Masaraa i jîskandi molo ruguluṇuŋ dûni ûkanniye.

In ken Masaraa nî dûmi gu, sumiṇ 8 na wîm kaa but-buta kâddur ûre, yagu wî kooy ire-ireta kaa nîŋa de ye, Masaraa i osiŋi înu, âmin-âmin gani inda gim de osiŋaye.

Jiya Masaraa nî sene 1870 molo ândol

Kaa Masaraa sene 1870 ili ma tû-kede indirni gu, Usman Jano hâkkuma Mâhdi tam nâyirinanni gi tûrana:

"Mi kar Dar Masaram maya gim, sa duro mbo kusaŋ mbo tirnen, âbiyar âyŋgo ûrsaŋan saŋan koy âyŋge tisiririndirre, wasarŋa du nîyembo tîriye. Hâgudu kusaŋ caca nîyembo tigere. Sa lêle tîlem joo 20 molo koy dole tirnerre. Hâgudu malta mîniŋa mbo miyen koy walko jo kosi molo de wacin nîyembo tîbirre. Hâgudu sa tusul-kede de têrin, sîŋgee wasi taŋ koy sîlla ûka wasu geya tâṇirre" in tîrnaŋa.

Hâgudu wâci tûka gim, Dar Masara ta gani boko tâṇinarre, yagu sa mbo hâgudu sîŋgee mbo hâgudu gani kallikandi ta mbo moṇi taŋa mbo turgularre. Dar Masara gu âmin-âmin ba jere-ken, sîŋgee kallo tenende, sîŋgee ninda ilam koy, adiriŋge mbo uruṇi mbo de indaye. Yagu alle, Dar Masara ti sîŋgee kâddur dûkkumiṉ tenen, sedeṉ mbo kucice mbo kooy lôyn indirniye.

Sedeṉ ila i amakar, kîŋgiṉ, muŋgiṉ, gokorŋgiṉ, maamaṉ, jeri, âriṉ, miyeje, lerker garaṉ, aliṉ, kûraje, dâdaŋgiṉ, laŋ, ûs-ûsaṉ, âwuyakar, guri, âdiŋgije, hâgudu sedeṉ tuu koy indaye.

Hâgudu Dar Masaram mutu ken nanjaŋo koy sa kâddi ye, hâgudu gani du wardi ye, sîŋgee du kûmaṉ ye. Hâgudu rîtu geno koy gani kase ye, hâgudu sîŋgee du baka ûkasiye.

Hâgudu kaa Masaraa malta koy wâŋgaci, yagu âsuriwo nîyembo oye, hâbii nîyembo nîyo nduŋ oye wî, kaa kase taŋa asee soror nîyembo kâddur oye, hâgudu kaa wardi mana du kâcamuu kâddur oye.[2]

Hâgudu sefi tûkan, kaa kambas âṉaru ndînju, tûkuyeṉ sako binije geya mbo, hâgudu taŋ gedera mbo, bêllesi cokoro guro gikeya mbo de igerniye. Mûcoo du kidime îni gi madari geya mbo, karta jaka mbo, andibil jaka mbo, sîŋgee ṉiṉ ginda a nîŋa mbo gûndoo nîŋa mbo nar dekeṉa mbo de igerniye.

Kaa Masaraa i tâwisaje ke awun nîrari ye, kaa away nira mbo kâddunjar îniŋa mbo awun nige ye.

Hâgudu hâbutu sûgta nîŋa du subu lo subu igerniye, ila molo de nûndurun hâbutuu innde ilawo ulusinniye. Hâgudu sûgta îniŋa ilam njiŋanta mbo wâyirindirniye, njiŋanta i sulta mbo nûcarna yeka, kaa mûdunta nîŋa wâyirinniye.

Hâgudu tajirta jallaba hâbutuu ûndultiŋa kul waran, hilleṉ sule na ila nîŋ nenee ûre numaṉnda yen, hâgudu bûri wâsiye hilleṉ ila nîŋam kûyyen, hâbutuu îniŋ kul sule înjindiye.

Hâgudu kaa Masaraa i maltawo nîyembo ŋoṉo râbbu igerniye.

---

2 Hâgudu muŋgiṉ sene 1966 ilim kûmagta-kûmagta Jinene kar âsurim wacin Âbu Hassan Tajaddin muŋgu tu tuya, nêreŋa wî mutu ken wâlana.

II SULTANTA MASARAA NÎŋA

Sultan Mahamat Âli Tûrkucha

Sultan Dar Masara ta ti de gîlaŋ na gi, ti Sultan Mahamat Âli Tûrkucha yere. Yagu ti saltana tula gi nîyembo ṉelle yere, sene 1000 kanaŋ yere.

Hâgudu hâbutu kaa osiŋto tena kaa warkinde, hâgudu saltanam kâddur tuŋun-kede saltana le "Guranko kûjom awulni" ru le majiro taka.

Saltana taŋa wî Dar Maba taŋa molo koy gîlaŋ yere, ti gani tindirni gi Konto Barde hille Liman yere, hâgudu wâkit saltana tela gu kaŋgi nosgi kûyye.

Ti tela molo sultanko Dar Masaram unduŋ-kede sininta 800 dole koy uŋuna-kodo Sultan Hajjam Hasaballa Fartag saltana tulanniyere.

Sultan Masaraa nî mbarlaŋa gi:
Hajjam Hasaballa Fartag (1874-1885)

Firchen̠ Dar Masara taŋa

Jaman ilim Dar Masaram firchen̠ mbara de yere, ila i Fûkuŋaŋ mbo N̠erneŋ mbo de yere. Hâgudu mâlikta Dar Masara taŋa kooy firchen̠ mbara na nîŋa dîsir mo de wâyiriniye.

Yagu N̠erneŋ mbo Mestereŋ mbo nânjafira îni gi wâkit sultan Furta nî Mahamat Alfadil ta ilim wânjafirnanniyere. Sêy inda gu, iyaŋata mbara lo wârarṉirna. Iyaŋa tu N̠erneŋ mana ye, tu du Mestereŋ mana ye. Iyaŋa N̠erneŋgi gi, kamba ta Mestereŋgi yen, sêy inda gu, iyaŋa N̠erneŋgi gi kamba to "maji" ru taraṉiŋa.

In ken iyaŋ Mestereŋgi gi du "Ŋga maji yoŋ?" tîrnaŋa, ti du "Ma le" rînaŋu-kodo, "Âmbi koy 'Dar mbe dar mbe' ru târig ginendoŋ?" tîrnaŋa, iyaŋa Mestereŋgi gi nda tumaṉirnden, ko nenee tindila. Mestereŋ ila du kanaa Ṉerneŋ nîŋa tuu kooy nduŋ inderniyen, in ken i urnaŋa Ṉerneŋ mbo juru unduraŋa.

Ṉerneŋ i firche îni Ibrahim Tûla mbo njuŋŋa lo kâddi Mestereŋ nî Kunji Dâwud ta kima gu uya. Mestereŋ du hamud ennden, Sultan Alfadil Fachir na gim ko dâlimo ôliŋa, ti du kaŋgu nda tunduraŋa wâlandira, Mestereŋwo fircho nda kenu, hâgudu Ṉerneŋ mbo Mestereŋ mbo lardu nda tena. Ili sene 1804 yere.

Hâgudu sêy inda gu, Ṉerneŋ Mînjiri nîŋ kimiṉ mbara sene wâcim "Dee amba iniŋana" ru wayana, kâddunjar îniŋa sultan Dar Fur ta Alfadil tindam waka, ti du intawo neṉeṉer, lardu nda kenu, hâgudu fircho înu nda tena.

Ili molo Dar Masaram firchen̨ as ûka. Nûka ila i Fûkuṉaŋ mbo Ṉerneŋ mbo Mestereŋ mbo Mînjiri mbo yere.

Hajjam ti turnaṉi to

Hajjam ti Mestereŋgi ye. Ti Musa ta kima, Hasaballa ta kima, Kunji Fartag ta kima, Dâwud, Mahamat, Ahmat, Musa, Hissen, Âli ta kima ye.

Hâgudu luṉa taŋa wî hille Hajar Gigite uṉanaye. Hille ili, ti muta-garbi ṉellekandi to 20 kîlo tûkasi Jinene molo bûrti Mestere tam. Sene uṉana gi du 1830 ye.

Tiro ŋgo ru Hajjam uruŋaye? Tiro lêle uṉana ilim, Maba kar hille înu odoroŋa, da ta tiro kartam kul kâriŋ tîndiŋa, in kenu Hajjam uruŋarniye. Ili molok ti nenee taŋam nîyembo kallo turnaŋa, hâgudu tiro bûgulaṉ mo koy ornoŋko enanniye.

Hâgudu Mestereŋ nî Firche Nono taŋa dûmmo nucico enaye. Mestere Kase lo Mestere Bûga lo firchekandi Mestereŋ nî gim kiye, Wadaṉala lo Mogorne gani mamaṉ taŋa Tôroŋ nî gi moloŋ malanjo tiye-de, Firche Nono hille Gokor Âbuluk tindinniyeka tîya.

Tîya ilim, tîyar ta Yakub Kitir gani tam tuṉuṉa, Hajjam du toṉoṉinnden, bûgulaṉ taŋa mbo koku Yakubko todoriŋa. Yakub Kitir kâriŋ mamaṉ taŋam hille Teŋgelema taka. Mestereŋ îkala gu, kana ta gi kalla yande, yagu ti inta moloŋ sule yanden inda gu, Yakub taŋ mamaṉ Ṉerneŋ ila kima înu nda kûre, kurnaŋ Hajjam tindam ware gu, ti du kâriŋ Kûdumule taka.

Mestereŋ mbo Ṉerneŋ mbo ndamo Kûdumule wayi gu, Hajjam kâriŋ dar Saba ko hâkkuma Tûrkita nîm âskari kû tâyiri-de, darje "Bek" ira gu ûṉaye. Hâkkuma Tûrki ta mbo nîmil, helu sininta kaŋ noŋ ŋun, wasu kul tara-kunuŋ, nenee taŋ yan darje tula.

Darje tula-kunuŋ, Wadaṉala tunuba taŋam tara, sêy inda gu kanaa wânjafirna tuu kîbisin kûcisin, madaldi Kajje saa nandam ullari ke tiye ilim tulusina. Lêle ilim molo tûrti ilu "tûrti Hajjam ta" uruŋaye.

In tena molo, tunuba taŋa mbo ûkasinnden, kurnaŋ mamaṉ taŋa Tôroŋ mo Mogorne taka. Taka-kunuŋ, mamaṉ taŋa tiro njuŋ in nda usula, sultan Dar Masara ta tûka ilim âyŋge Masaraa nî tîŋaraye.

Hajjam ti ŋgonda yoŋ?

Hajjam ti kaŋgi mûgula lo ŋârama ye, hâgudu agaro nûrakiri gu nene gi ye, hâgudu kano wâsiyo nene gi ye. Ndurmujul kano tîchan, aṉa do tumurko nîcha noŋ tîjiri. Hâbutu koy turako tenende.

Hajjam ŋgo ken Masaraawo tucuŋa

Gûca Masaraa nîg kallikandi ta yere, inko yoŋ wandadalndiye, yagun Furta hukum târcana-kunuŋ, i koy kosiŋ Hajjamko awun eni-ken, Hajjam kûjo îni tûto wandadalnde. Yagun Hajjam ti kâddi tûto kûrim ne-de tindiye. Hajjam Masaraa tuci gim njuŋkandi mbo tucuŋa.

Sutuṉ mbara na kûriṉ mo nîbirna ilawo toron torgolte ilim, madaldi sîŋgee kâddur nenee gim kaa tiro nûrci ilawo tâyinin, marce naŋ tiban wâyirni gu, ti du sutu ilu "Ka!" gani inna ilim, hâgudu sutu tug koy gani inna ilim "Ka!" tîrnaŋa ilim, sutuṉ mbara na kûriṉ mo nîbirna ila os-kede de îdirana ilim, Hajjam ti du Asurko tarin, gani to tûkuṉu in nda enin ṉuṉu "Ṉêtu nare!" tîrnaŋin wanarin, kaa ila ganii mbara koy "Kare, som tîlem ṉêsini!" tîrnaŋa. Ba iṉanan, "Kara, simo ndayi! Nûkag talfina, Masara Masaro kaawo nalfina kûyye, kûriṉ mo kîbiriyan!" rînaŋ tuci.

Yagun "Mi kûriṉ mo mîbirna wî mbo miṉanndiye" îrnaŋan, Hajjam mal-mal koy tigende, kano nûye mbo cumaŋ tayawe. In kesin Masaraawo kana tîlem tucuŋaye.

Hajjamko ŋgo ken hukum molo indisa

Sultan Hajjam ti Masaraa dûsuŋ-dûsuŋ de kusul suri inde-de, ti tara-kunuŋ, kambaskandi mbo de toronu kana tîle mbo de tucuŋarniye.

Yagu hukumko tula-kunuŋ, gâyiriya taŋa wî gû taŋa lo nîyembo ŋârama yeka, kaa kooy îlarniye.

Hâgudu Masaraa i Hajjamko nunjuriya îni gi, alle guru indirni gi noŋ wâlandirto inndendaye, yagu hukum ta gi bîye yeka indisto innderniye.

In kenu Masaraa dar mo rî na ila Gereneŋ mbo Lere mbo, Komore mbo Dîsaŋ mbo Goŋkakaŋ mbo, inko yere. Yagu Fûkunaŋ de kâddur yere. Hâgudu sutun tuu mbo koy tîran mayagino[3] enarniyere, yagu Masaraa muta na wî Hajjam inta mbo râbbu tîrirna ila, i ṇelle de kusul kogu de ne sero indinniye.

Hajjamko odoroŋa gi

Doronja Hajjam ta gi sene 1884 lo 1885 ilim taŋi tam Mogorne odoroŋa.

Odoroŋa gim, Hajjam târiŋa, mayagine du jâribe to ûmmana. Iyaŋata taŋa mbo kimin taŋa mbo kâddur wasi tinana, kima ta Mâkki ira gu wasi tinana, Sultan Hajjam tîkala. Sîkalu "Kimin mbena wasi kicimi de tûsa" tîrnaŋa.

Daṇa Abdalbanat ti nîkala lo tûrana ŋgo tire, "Kaa Masaraa Hajjam to jâribo ûmmana, wasi kimin mbo iyaŋata mbo wasi nokokol nandaro tinden, mayagine nî kâddi Agit[4] Rîzig sîkal sâriyaŋ nda wara, 'Kaa wî kooy mîniŋa de ye' rînaŋ ko jâribo caki do lo tûtturaŋa, wasi tinana wî tinana, tinannda ila tîŋar kumam oyona" in tîrnaŋa.

Hâgudu "Ilam ûwa mbe Fachir koy tîndinniye, yagu tiro ilim de Hajjamko nda tucice-de uya" tîrnaŋa.

Hâgudu Hajjam târiŋa, rûcu hille Boro koy wakare, yagu mayagine taŋ i Hajjam ta taŋi molo nasko[5] ndîŋaru, belle mbo îrfila. Hajjam tinaŋa-kunuŋ "Nas mbe anduri" ru, bere to ŋereṇil kâriŋ lândir mayaginewo kar yasin tanarcana, nêreŋa wî kâriŋ tûrim waya. Ti du nas to kul kalal muta-garbi tanjaŋa ilim,

---

3 Mayagine i kaa gani tîlem ninda lo-kodo kiṇiṇir "Darje minnde" ru nusurii wî ye.
4 Agit ti ŋorim ornoŋ ta nî kâddi ye.
5 Nas ti gaŋgaŋ mbo nuṇe ye, tiro sultanta de enegiye.

iyaŋata âji ta waraŋ na gu wâjiŋaye:

"*Hajjam Bekko tâlandirndiye nira wî ŋgata ŋga mbo ye?*
Tûrim waya, Hajjam sa dâwi noŋ kûri toyori."

Hajjam wâri nanjaŋ sîr tena gi

Hajjam njuŋkandi ta gu âju koy wândajiŋa, yagu kâriŋ darko le garbi-muta gani nenee taŋa Mestereŋ nî gim taka.

Yagu Mestereŋ i, ti tira gi noŋ ken wandalnde, i bîyekandi ta alle na gu ndâyu ela. Ili ta jam le hille Ceraw taka. Arara mbo munje tayi gim, tîyar ta mbo wâzir ta Âli Denjero mbo Âjumaŋ dar ilim ninda ila inta mbo usulti ru waka, yagu kaa Âjumaŋ mbo Kûsube mbo îya ru nunjurun, kaa taŋa tiro nûrci wîwo wayana.

Hajjam sîkal gani tindete kûyyen, Dar Berem Sultan Ishak Rîcha ta baba tindam taka, tiro mbo gê mûco ta Humarawo kul taka. Yagu Humara ta baba Âbulasta, kima ta Humarawo kul kâriŋ Dar Masaram talandira. Landir Sultan Âbakarko jîse tena, Sultan Baharaddin Ndokawo uŋana.

Wâkit ilim kaa Masaraa nîŋ sutuŋ kooy kasem dar Lere nî hille Libiri ira kaa Leree nî gim îdirana. Wâkit îdirana ilim, wândariŋa Bâchir ira gi, ti Lere lo ilim tinden îdirana, hâgudu Ismayil Âbdulnabi ti Ubayyit taka, Mahamat Ahmat Mâhdi Ismayilko Dar Masara to âmirko sû, waragatta n̪û tenjebena tara.

Tara kaa tîran jalalko nda igen, Hajjam kinaŋ tinndendayeka ŋgo tire, "Hâbii wî ŋgârii ye? Jôci ârmbal nindiyana noŋ nira wî!" in tîrnaŋa. I du ŋgo ire, "Kaa Mahamat Ahmat Mâhdi taŋa lo Âmir Ismayilko njebo Dar Masaram kar in ru indaye" îrnaŋa.

> *Sultan Masaraa nî kaŋgalaŋa gi:*
> *Ismayil Âbdulnabi (1884-1888)*

Fâki Ismayil ken saltana tula gi

Fâki Ismayil ti fâki lo kimiṉ de gâr nindige tindinniye, hâgudu Hajjam mbo koy nâyirini ye, yagu mayagine Hajjamko nunjuruna wî mbo tene gu teneyye.

Hâgudu Mâhdi tîŋara-kunuŋ, tiro mbo kînanjarnu, fâkije Dar Masara taŋa tiro mbo nucice wî mbo tîranu, Mâhdi tindam Ubayyit ko ûrmana. Tiro mbo kâyiri inden, Mâhdi du hukumta gurii wîwo ninndenda lo, sutuṉ tuu nîŋa koy âmirta nda kenu, Masaraawo koy Fâki Ismayilko Dar Masara to âmirko tena.

Hâgudu mayagine du Hajjamko urayina, Dar Berem ko Sultan Bereje nî gi mbo koy kâyiri tindirka, le Ṉala molo mutasabam ko hillo tena. Hille ilu Wat Hajjam urin tinda gu, Fâki Ismayil Ubayyit lo Dar Masaram kar "Âmir Dar Masara ta âka" ru darko tamalanje irnen, Hajjam kinaŋ Andurman ko Kâlifa Abdalla, Mahamat Ahmat Mâhdi ta ganim kadam nige ilim ko, Ismayilko tôliŋa.

Kâlifa Abdalla Ismayilko turuŋa, Andurman taka toron Hajjamko îrkarna. Hajjam ŋgo tire, "Fâki Ismayil ti fâki lo tinden, minda gu nenee mbeŋ nînjan andeneṉin, anduraŋgal darje mbeŋ tula," tirnen, hâgudu Ismayilko îrkarna ŋgo tire, "Ama fâki lo Dar Masaram andenniye, fâkije kawaa mbo Ubayyit Mâhdi tindam kar tiro mbo kâyiri minde-de, amboro Dar Masara to âmirko ândusa" tîrnaŋa.

Hâgudu "Hajjam" irnen, "Ya" tirnen, "Fâki Ismayil hukum na gu tula ŋga tosoŋ?" irnen, ti du "Nosi ane" tirnen, "Ila ŋgata yoŋ?" irnen, "I Annur Aŋgara noŋ Hassan Abu Kodok noŋ Salatin

Bacha noŋ Mahamat Nufi noŋ Jabbara noŋ ye, i kooy ose" tîrnaŋa.

Kâlifa du kaa ilim munje ninda ila kuruŋ tîrkarna. "Hajjam tira gi gani ta ye" îrnaŋa, in ken Fâki Ismayilko kîbin sijin mo uluna. In ken Hajjamko hâkkuma waragatta ken ṇû "Gaka dar no kîbin!" ru tela. Rôgol tateyeka tuŋuni gu, sa tara, dûr-dûr mo lay uŋuni gu, kaa taŋ mbo koy dûr-dûr kôdil tayana.

Hâgudu Ismayil sijin mo sêy-sêy, nâyiri taŋ mana wâzir Hassan Kunjiwo kuruŋ "Kitim to naŋaa, kima mbe Âbakarko ṇû-ken dar mo tâyirite," ru tûṇa-kunuŋ, ti sijin mo de kâsiŋar tîya.

Ismayil mbo Hajjam mbo kaa mbara koy sene tîlem de îya, sene ili 1890 ye.

Njeba Fâki Ismayil ta

Fâki Ismayil ti Andurman sêy fâkije dar taŋawo njebaa katab nda tena. Kallikandi mbo darko kîbini ru tena.
Njebaa tena ila mana tu gi ŋgo tire:

"Bismillahi Al-Rahman Al-Rahim. Al-Hamdu lilahi Al-Wali Al-Karim wal-salatu ala Sayidina Mahamat wa ala ahlihi ma al–taslim.

Âmir Mûmininta nî gu narka gi hâgudu kaa wandaliŋa wîwo nda nusula gi, Islamko njuŋŋo kîbin dînko njuŋŋa nûsa gi, Mâhdi ta âmir gi Ismayil Âbdulnabi kallo nâyirina gi lo fâkije Mula taŋ kanaawo koso Mula tira wîwo nige ila, ama kinde kîmbirnaŋa.

Hâgudu âsso kimbire, njeba mbe igi Fâki Mâkki mbo takan, njeba ta ja igi dar mînu rogora ye. Hâgudu rahma du amba tûsurteye, hâgudu hâbutuu mige wî kooy Mula barku amba tenteye, hâgudu ambeŋele wî koy Mula taŋ gudura mbo meŋelilteye, hâgudu ganii mîniŋam de mindeteye.

In ken jimme naro koy tîran kitab Mula ta gu kûnjiciteye, inko de kigeteye, yagu nêreŋa tindoŋ narnda tindoŋ, baba ta ta kûjo mo ye.

Gi yeka kombonosiŋa, âsso kîmbirnaŋa, sene 1303 Hîjiriya (sene 1886) ye."

Njeba gi ta sura igi lo tiye, sîkali:

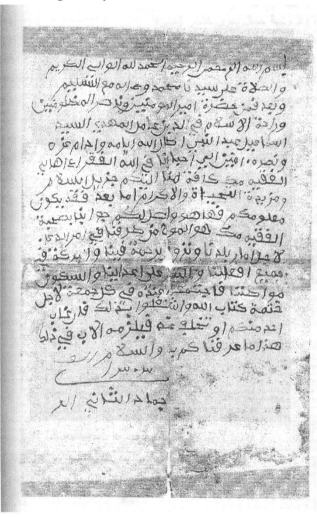

> *Sultan Masaraa nî aslaŋa gi:*
> *Âbakar Ismayil (1888-1905)*

Sultan Âbakar ti âmir Mâhdi ta yere. Hâgudu caki tu do lo du, nenee taŋa Masaraa do lo nâyiri gi yere, yagu tiro sultan urindiye, hâgudu bûrti ta tiye gi Islam ta de yere.

Baba ta Ismayil du Fachir tayi gim, Adam Biliyo tiro mbo nâyiri nî guwo gani ta gim nduŋ le taka inda gu, Âbakar lândiru gani baba ta Adam Biliyowo nîbin le takarni ilu tula. Hâgudu Adam du dîŋ taŋam tûka inda gu, Hassan Kunji Andurman lo kitimko nar, Âbakarko tûṉa. Ili molo ti sultan tûko de kusunjurnu, bûrti to kîbin hukum to njuŋŋa tûsa. Ili molo gâyiriya Mâhdi taŋa ilawo leyu, sultankandim de tusula.

Sultan Âbakar taŋa gâyiriya kaa taŋa mbo

Sultan Âbakar ti kaŋgi kalla yandire, kûri ta dûŋgi yere. Yagu sininta gîlaŋ na ilam kaa kooy ko înim salam igenniye, hâgudu tiro "Azza Tunuŋ" urinniye, salam enayan koy, kallikandi mbo de kaawo salam tigeyye, hâgudu oda to koy gani tûkuṉim nda îmana tîndinniye.

Yagu sene 1888 lo 1898 ili molok ûyom nayi gu, binije wan gâyiriya taŋa wan, sultanta darta tuum nindaa ila nîŋ kawo, gâyiriya tândaŋina. Hâgudu kûrum[6] baba ta dîro tene-ken toro, kaa todoreni iliwo leyu, nasko toro kaa todorenniye. Hâgudu nas guwo du, juri dar Îriji Dar Tame ta, ili molo kul tanaraniyere.

Sultanko salam geya dûmmo osiŋa gi, gani tam ba gare-ken, berjeŋ lûdaŋ, tûnjumo kûjo molo ndis, ganim mo robog-robog in ṉuṉu, "Kâddi mbe, Mula gudura ndîn" ru koroo dore-ken, ti du

---
6 Kûrum ira gi ti gaŋgaŋ noŋ ninda ye, tiro kanaa mbara koy oddoreye.

"Âyye âyye" in tir-ken, salam igenniye.

Daṉa Abdalbanat ŋgo tire, "Adi guwo kaa Tamaŋ molo Gimirta molo Aboje molo ke sultanta îniŋawo salam igeyen tanaraye" in tîrnaŋa.

Hâgudu sultan ti juriṉ molo iyaŋata têneri noŋ kâddur toron, jâribo wâsiyo nda ken, kûde nûnuntan loyn, kaa kâsije mbo sû raŋgal jâwu nîbina mbo tanaren ûrsenniye. Jâribe ilu "jâribe iyaŋata nî" uriye. Yagu juri Fachir ta Dîwem uri ilim waka gim, Sultan Âbakar iyaŋata tanarndire. Yagu basaŋa taŋa mbo âbbaŋaa taŋa mbo lo iyaŋata kul wanara, yagu iyaŋata ila du ayo enere. Sene ili 1889 yere.

Gani sultan ta gi

Sultan ti hakimta mbo de ṉâbakirno tinderniye. Daraje ti de dole na gi "wâzir" tere. Wâzir gi, ti sultan molo dîsir ye, yagu sultan mbo gê de sossoko nuṉugusirni ye. Hâgudu ṉorim koy, ti de kûjo lo, âskarta koy ti kul tîkerniye. Wâzir Sultan Âbakar ta gi ti Hassan Kunji yere. Hassan Kunji ti bûrti saltana nî gim nîyembo nâyirirni ye.

Hassan Kunji ti aŋsarta Mâhdi taŋa Fachir lo kar, nindirniŋa ila ray ta mbo uraŋgala. Hassan Kunji ti juri Ârinje suro niyee ila mbo Masaraa mbo na tûte ilim koy ṉurim lay "Beri Masaraa nîŋa wî, beri Ârinje nîŋa wî mbo wasaŋanndiye. Kaa mîniŋa kanaa nûyee nene wî mbo de munjurinti" tirnen, unjuruna gu Ârinjewo uraŋgala. Hâgudu sene 1905 ilim du, Furta mbo Masaraa mbo usurinte gu, ti ṉurim taya juri tûkinde, yagu aye 5 ilim usuruna.

Hâgudu Sultan Âbakar ti gani tam imam noŋ azzan nige gi noŋ tenenniye. Ila i hâbutu ne îdiranise ilim kaawo sallu indigeniseye, hâgudu ila i tiro mbo gê tîran so ndara mbo gê ṉeya mbo nigeniŋa ye. Ila i Fâki Hammat gi noŋ Fâki Yunis Gereṉeŋgi gi noŋ ye, hâgudu gâdikandi gu Âbakarta molo sene 1930 nate gim kooy sutu Borno nî de yere.

Bûrti hukum ŋundi gi to

Sultan Âbakar ti hukum taŋ bûri kâddur torgoloṉiŋa, alle na gurii wî enarni gi molo, yagun hukum ta gi njuŋŋa tûto ninnde, hukum to fandaŋko markaziyo[7] tinndana.

Hâgudu hukum sina gu, ornoŋta mbo mâlikta mbo wâyirinniye, hâgudu kâddi gu sultan de tâyirinniye. Yagune kaa i dîŋgarta ru hukumko sule ndînja îya irnen torgoloṉiŋndire.

Sene ili 1900, sultan Kera Furta nî ili molo gô nare ilu, hukum nara koy turbutiṉ lisu, kaawo du ndero, gani taŋ nenee de undunjin, hukum guri gi de yere, yagu Gereṉeŋ i saltana îniŋa yeka, hukumko rogoloṉa wândaŋina, sene ili 1884 ye. Hâgudu Gereṉeŋ i tokotori Ismayil taŋa kaŋ mana yere, hukum ta gim.

Tokotori Ismayil taŋa kaŋ na wî i : Gereṉeŋ mbo fâkije mbo hukum Tûrki-Mâsiri mbo yere, yagun hukum Âbakar ta gim, Gereṉeŋ i nîyembo nasaŋana lo wandalaṉenniye, basaŋa wan âbbaŋaa wan wândariŋa wî wan, kooy inta molo de yere.

Hâgudu hukum Âbakar ta gim nâyirii îniŋa ganii kaŋ ye. I basaŋa wan wândariŋa wan dalaje wan yere.

1) Basaŋa

Basaŋa i sultan mbo munje nûkasi wî ye, hâgudu sultan taŋa dûmmo nâyirinniŋa wî ye. Basaŋa ira wî mi "bas geya ye" ru rakis ta mesere, yagu inko yande, "base" in ira-ken kaŋgi

---

7 Markaziye ira gi ti gani hukum ta fandaŋ gi ye.

nânanirenda, kana ta koy sultan mo nîne, hâgudu nûka tindan koy ti de gîlaŋ sultan mo nêri ye.

Base irag ti mâlik mo yande, wala sultan mo yande, ti ṇurimeye, hâgudu tiro kaa kooy oŋoṇeye, jurim tîŋaran koy dîŋ taŋam kaa kâddur ûrciye. Basaŋa i sultanmo munje nindenda ye, hâgudu beri koy nîyembo nomoṇee nenee ye, hâgudu binije îniŋa koy njuŋŋa njiŋanta kâddur mbo nacii ye, hâgudu taŋ îniŋam nâyirii majiṇ mbo kadumaṇ mbo nenenise yere.

Basaŋa in ira-ken i dar mo darta îniŋa nenee ye. Sutuŋ but na ila koy "basaŋa" enaye, yagun sultan taŋ kimiṇ mbeli wî "âbbaŋa" uriye, hâgudu kimiṇ kâli wî du " âmmaŋa" uriyere. Basaŋa i tuu du darta nîŋ nenee ye, tu du darta nenenda ye.

Basaŋa wâkit ilim darta îniŋam nâyirinniŋa wî:

Mirsi	Sutu	Darta îniŋa kîbin indirniŋa wî
1 - Base Nomol	Gereṇeŋ Dûllaŋ	Kariyaŋ mbo Mestereŋ mbo
2 - Base Âli Atamtam (Ṇaṇuli ta kima)	Gereṇeŋ Dûllaŋ	Caki rî-saba Dar Masaram Âmunaṇ mbo sutuṇ Ârinje Gatina wâri ilim ninda wîm
3 - Base Abdulgadir Ṇamsa	Gereṇeŋ Salame	Târi, Fôfo, Kôbore (Dar Masara lardi Furta mbo olonam madaldi Âzzum mbo Bare mbo)
4 – Base Bukuri	Âmburcuŋ	Dûwed mbo Andorboro mbo (Âmburcuŋ)
5 - Base Ahmad Umar Abu Lafta	Gereṇeŋ Dûllaŋ	Hâbila Kejeŋgese (Gamaŋ)
6 - Base Umar Ismayil (Âbakar ta tîyar)	Gereṇeŋ Dûllaŋ	Kuma Fâkum (ma tîy-kede sene 1888 ye)

| 7 - Base Kâlifa Rîzig (Fâki Mahamat "Âdiŋgi Jîsa" ta tîyar) | Gufa | Dar Kododol (Fûkuŋaŋ mbo Dîsaŋ mbo), Koŋose (Ŋerneŋ) |

2) *Wândariŋa ("makdum")*

Wândariŋa ira gi ti sultan tândariŋin nâyiri gi ye, sultan tândarinji tene. Hâgudu basaŋa koy wândarinji ene, yagun kâddikandi koy tândarinju tene.

Daraŋi gîlaŋgi darje ŋundi gim ila i wândariŋa ye. I koy ganii mbara ye. Gîlaŋ na wî basaŋa ye, i darta îniŋam kîji lo, sultan ta ganim sutuŋ îniŋam nâyirii ye. Jaman ilim wândariŋaa wî i : dar Lerem, Bâchir te. Tiro nândarinja ta gi, sultan Kera Furta nî gi molo ye. Hâgudu wândariŋa Dûdu Somkoye, ti du dar Mandara nîm Kuma Jâbuk ye. Tiro nândariŋa gi du sultan Masaraa nî gi ye.

Wândariŋa mbo basaŋa mbo neŋeŋesira îni gi, wândariŋaa wî i sutu Gereŋeŋ molo yande.

Basaŋa i wâri sultan ta gu do lo nîyembo njuŋŋa yere, hâgudu kana îni koy nîne yere, hâgudu wândariŋaa wî i gâyiriya îniŋa wî basaŋa molo dûmmo yere.

Daraŋi mbarlaŋa wândarinji wî nî gi majiri molo yere. Intawo koy darta tuum naŋ kîji tûsarniyere. Ila mana i Kôfote noŋ Abdalla Ruŋa noŋ yere. Kôfote ti wândariŋa dar Dôyo lo Maŋgo lo yere. Abdalla Ruŋa du dar Jinene molo garbu nena gi kooy ta de yere.

3) *Dalaje*

Dalaje i kîji darta nîŋa ye, hâgudu inta mbo sultan mbo ŋuri înim nacu enendire, hâbutu ento ene-ken, i de sultan mo ko kûran nigerniŋa yere.

Juri Chawa ta (sene 1905)

Kûdo Chawa ti madaldi Mayota madaldi Bare mbo îdiranam saba hille N̠ûri molo tûkasi. Yagu saba madaldi Roye mbo munje, lardi Dar Masara tam saba dol na ilim muta-garbi N̠ûri molo n̠ellekandi to in n̠elle yande. Kuma Kitir molo Kûdo Chawa ti hille Murne molo koy in n̠elle yande. Gani ili ti idaa nîyembo tene, hâgudu saa koy kâddur tene, hâgudu boko dîrim nena lo, târii mbo sîŋgee mbo kûmo nene gi lo, âsurosi taŋa koy mûrin̠ ye. Ili bûrti Dar Masara mbo Fur mbo tenen̠eŋeraye.

Juri ilim Masaraa mbo Furta mbo kambaskandu usunjurnaye. Hâgudu juri ilim de Masaraa sultan îni Âbakarko elaye, yagu saltana mbo kambaskandi îni mbo elendiyye.

Hâgudu juri ili de yande, Âli Dinar sultan Furta nî gi Sultan Âbakarko ma tîbin-kede mirsala njibiriri igenniye, Âli Dinar ti Dar Masaro koroo taŋam nûsute lo tigen esinaye, yagu hâbutu katab ken unduŋo markinde.

Âli Dinar Dar Masaro koroo taŋam tûsto tîkala gi

Âli Dinar ti Dar Masara guwo alle sene 1874 tindirni gi noŋ de nûsute lo tigerniyere. Yagu Masaraa kûjo nda usunde, kambaskandi mbo de kusul sultan înu njuŋŋa ûsa. Âli Dinar du "Juri mbo de aŋelilti" ru Dar Masaro tunjuruntem de tusula. Fâki Sinin Kâbkabiye na guwo du tindisto tinndegiye.

In ken Âli Dinar âskarta taŋa daraŋ mbara teneŋa. Daraŋi tu kûjo îni Adam Âli Rijala ye, daraŋi tu gi du Mahmud Dadaŋgawi ye.

Adam Âli âskarta taŋ mbo bûrti dar rî Zagawam ko hillen̠ Masbad mbo Kornaye mbo Tîne mbo lafin, Dar Gimir do nusurite lo tayi gu, sultanta Zogokor nîŋa koy tiro mbo îrmila, ganii mbara kiṉiŋir Dar Masaro wanjaŋa.

Daraŋi mbarlaŋa Mahmud ta gi du wâri muta dol bûrti madaldi Âzzum ta gu nanjaŋ sîr ena, Ârinje mana koy Bâni Halba mbo Hâbbaniye mbo juru, jaman Mâhdi tam suri nosiŋa lo kar Furta mbo îrmila, hâgudu kaa tuu mana koy, Birgitta mbo Bârtiṉ mbo Bereje mbo hâgudu Masaraa Gireda taŋa koy îrmilanniye.

Sultan Âbakar Furta waro tinaŋa-kunuŋ

Sultan Âbakar Furta waro tinaŋa-kunuŋ, kaa kâddunjar taŋa mbo nâyirii taŋa mbo toron sossoko nunduṉuṉu "Furta wî ganii mbara kiṉiŋir dînjo-dînjo ware, ŋo ken mandaltiyoŋ?" tirnen, nâyirii taŋ du kanaa mbara ûrana.

Kana tîyar ta Gâdi Tajaddin ta gi "Masaraa kooy gani tîlem de muta maka, Mahmudko muraŋgala-kodo, hâgudu rî maka, Adamko muraŋgalni. In menan, âguri amborfolti" in tîrnaŋa. In tîrnaŋa gu, kaa kooy oṉoṉina. Hâgudu sultan koy toṉoṉina.

Yagu kana Hassan Kunji ta gi du ŋo nira ye, "Furta gani mbara nare wîwo gê de mandalti. Gani mbara miṉiṉirin, tu rî natiŋa wî Tajaddin noŋ nâyirii tuu noŋ waka, Adam Âliwo wandalteye. Hâgudu âskarta tuu mbo du Sultan Âbakar noŋ Wâzir Hassan Kunji noŋ muta waka, Mahmudko wandalte" tîrnaŋa.

Kana Gâdi Tajaddin ta gi nîyembo tînaŋa, yagu Hassan Kunji du, kana ta gi de tûto sero "Tajaddinko ti de kamba yoŋ?" ru tiro de tûren, Sultan Âbakar bere ta molo sûru âskartawo ganii mbara teneṉeŋara.

Tajaddin celcelo de sîr kenu gani kallam nusurite lo rî-kanaŋ nanjaŋ ko Adam Âliwo nandalte lo ko madaldi Gimirta nî gim tûnjura. Tûnjura gim, firchen̄ Jabalta nîŋa mbo Gimirta nîŋa mbo kar ûrmana. Hâgudu âskarta kar sa Tabun urim ûnjura. Iliwo Adam tinaŋa-kunuŋ fariŋ îrdim nda ôyna, Kûdo Andar lânin âskarta taŋa mbo gani Killekil dar Gimirta nî gim tunjuraniyere.

Hâgudu Âbakar du tîn̠aru erdi Gândi Koro Dîrijel ta gim njûru dûkum to cuman̠u hâgudu nas to tîrfila, dalan̠ Masaraa nîŋa wan Geren̠eŋ wan, hâgudu majin̠ taŋa wan, kanaa nûyee kul îdirana. Ili molo sultan kurnaŋ Mogorne N̠ûri ta gim taka. Ili molo madaldi Roye ko gani Furta ûnjura gi molo n̠elle tûnjura.

Hâgudu gani Furta ûnjura ili, madari Bare mbo Roye mbo îdiranam ûnjura. Kûdo Chawa Gêra mbo munje njûru-kodo nursetiŋa wanamalanjirna. Wanamalanjirna gim, âskarta îniŋ mbo malta îniŋ mbo ununara. Hâgudu kosi sîŋgeem dole unduŋa. Unduŋa ila Masaraa ŋgo ke ware-ken nesertiŋa yeka unduŋa.

Masaraa kar ûnjura-kunuŋ, Furta daraŋu tu enjebena, Masaraa du daraŋu tu enjebena tîran udursurna. Daraŋi Furta nî gu uraŋgala. Hassan Kunji ilu tîkala-kunuŋ n̠on̠in "Furtawo modoron̠i" tîrnaŋa, kana ta gu non̠on̠ina kûyyende.

Furta i îkala gu "Masaraa wara-kunuŋ ma ununarnde, asar keni hâkkoy maka môdil!" ru kar odoroŋa. Kar odoroŋa gim, Masaraa i beri îniŋa njûru, tuu saa wandaŋen, tuu târii nî ganim ucin, tuu mukulaa erkecen, sêy inda gu, Furta kar Masaraawo odoroŋa.

Odoroŋa gim, Masaraa kar sultan taŋ ûyom usula. Yagu daraŋ rogol, juru wândaŋinte gim, Marjan Nagayire ta kima kar ber mbo kaawo ruco "Dûmmo kâlana daraŋ kallo rogoli!" ru tena.

Masaraa îkala-kunuŋ "Wâ!" in rînaŋ sultan bere tam dole tinde-de le wârcana. Le wârcana gi ta ja gi du, Sultan Âbakar ti inta mbo kallo tâyirinden inndendayaka, Furta on̠on̠o ente ru le kâriŋ wârcananniye. Yagu tiro mbo nusula wî majiri mbo fâkije mbo basaŋa mbo de usula. Sultan ta bere ilu "Zarzur" urinniye.

Furta Sultan Âbakarko îbina gim

Furta kar Masaraawo odoroŋa. Yagu erdi juri tam sultan mbo majiri taŋa mbo fâkije taŋa mbo basaŋa taŋa mbo de yere.

Ilim lîsa nîyembo kâddi tûka, sultan ta gani gim. Hâgudu Rahma Abdaraga ti âskarta Furta nîŋa mana lo sultanko nosinni lo tîkalu koy bânu mbo "Kîŋgi ili yaŋ, kîŋgi ili yaŋ!" in tîrnaŋan, nusurii Furta nîŋa ila kâriŋ de Sultan Âbakar tindam waren, nusurii sultan taŋa du walanin ige-de de, ṉerem tûka.

Sultan tîkala gu lîsa kalla yanden, kimiṉ taŋ kuruŋ mara-marag de Bâdawi ira gu "Ko gaka, da na ta gula, Dar Berem ko!" rînaŋ, hâgudu kima ta Baharaddinko du "Maŋ du kaa naŋa mbo Dar Mabam kake!" tîrnaŋa.

Sultan ti âyŋge nda tîliŋano kosiŋ, sultanta guru ige gi noŋ ken, bere molo sûr datuŋgulo farach ken tuṉuŋa. Âskarta Furta nîŋa kâriŋ malaŋu urse-de, kâddunjar Furta nîŋa kar kîbin kul Fachir wanaŋa.

Ili jo 12 aye 5 sene 1905 ye. Fachir kul wanaŋi gim sultanko kucun dîri jîsam nunduṉuŋ kul wanaŋanniye.

Masaraa darko le warcana nî gi

Tajaddin ti daraŋi muta tîyar ta nî gu Furta nuran tîyar to Âbakarko îbina irnen tinaŋa-kunuŋ, rî lo asarko de gani juri tam taka. Sultan Âbakarko du Fachir kul waka, tarkinden le tarabi Hassan Kunji nî gi mbo Baharaddin Ndoka nî gi mbo rûcuŋu Mestere kar tanarka.

Hâgudu Ndokawo Âbakar ta ganim nduŋu, tîran garbu ena Furta du wanarka. Hâgudu Turmunuŋ Ceraw na mbo Ŋgobe na mbo Arara na mbo Furta mbo usurunteyen Kûnjuldim tîran usuruna. Juri înig nîyembo uɲɲa yere, yagu Masaraawo uraŋgala.

Masaraa garbu kenu tuu Kuma Jâbuk waka, tuu du Kûjunuŋ waka. Jaribe sultan ta gi du Dar Berem Sultan Aburicha tindam taka. Sultan Baharaddin ti du Abbache taka, in ken i kooy warcana. Âju koy wandajiŋarniye:

Mahmud Dadaŋgawi dar mo taya
"Mîyarce kêreŋan!" tire
Ndokata "Dar Batam maye" ru waye

Hassan Kunji ti juri Kunjuldi ta gim nayanni yere. Kima ta mbo koy yere, yagune kima to ilim nda uyanniyere. Kima ta "Baba, amboro ambucumaŋa" tirnen, baba ta du "Kambaskandi in ninda ye. Lîsa juri taŋa wî kambas nîŋa ye" ru tindila. Wâzir Hassan Kunji ti kano nûye kima ta ta gu kulu, kima to lîsam tinde-de le taka. Iyaŋata âju wândajiŋa:

Kima na Mâhdiwo fârikko nda le
Wâzir tîle konji no de rêŋa
Kûri lo ganii mbara nda tûre

Hâgudu âji tu koy wâjiŋa:

Chette noŋ de ginaɲanniye
Yagu kokori noŋ jo de rêŋa
Wâzir bero no idam la

Hassan Kunji ti kâriŋ bûrti Adde tag kîbin Dar Berem taka.

Tajaddin ti Hassan Kunjiwo kûrim kîbin, juri gîlaŋ na gim tîyar ta Âbakarko îbina gu tiro molo de ru tuyte mbo de tusula. Hassan Kunji kâriŋ Dar Berem taka-kunuŋ, Dar Masaro Furta molo landir ula gu koy tar-kede, Tajaddinko ŋori Dôroti ta gim uya de Hassan Kunji Dar Masaram târlandira.

Yagu Tajaddin noŋ Abduzen Tunuŋ noŋ Âli Sannan noŋ Dâwud Tunuŋ noŋ dar Njimi waka. Ili molo Tumtume dar rî waka, in ken wâyi îni iliwo kanaa nûyee ŋûyu enndenjebena. Hille Gûre mbo Kûjunuŋ mbo naŋ unduŋa. Unduŋa ili du kaa Foroŋ mo ye.

Masaraawo hâbi tela, Furta ŋelil darko ênjarni gi ŋgâri yoŋ?

1. Sultan Âbakar ti gâyiriya taŋam nîyembo bîye yen, kaa Masaraa tiro inndenderniye.
2. Hassan Kunji kaa nusuri Masaraa nîŋawo ganii mbara teŋeŋeragiye.
3. Furta i du kaa nîyembo juru nosi kâddur eneyye.

Masaraa darta waka wî

Nâyirii Masaraa nîŋa ganii kaŋ iŋiŋira.

Som gîlaŋ na Baharaddin ta gi, Dar Mabam Abbache taka. Som mbarlaŋa gi Tajaddin ta gi, dar rî Tumtume taka. Som kaŋgalaŋa gi du, jaribe Sultan Âbakar ta gi mbo nâyirii taŋa mbo Dar Berem waka.

Daraŋi Dar Berem naka gu, sultan Dar Bere ta gi nîyembo kallo ken tandalayye. Daŋa Sinin ta baba, ti Sultan Âbakar mbo nâyirinni lo Dar Berem ko nâlandira mana lo, kûrbu oddore nosgi yeka tiro îrkarna, "Kûrbi ti ŋgâri ye? Ŋgarnam kar Dar Masaram taya? Hâgudu ŋgo ken dora osiŋa?"

Kûrbi ti gigi noŋ ye, yagu ti suguri kaŋ nene gi ye. Masaraa gîlaŋ kûrbu kosiŋ-kodo gigu osiŋa. Kûrbi ti Bereje nî ye, sultanta îniŋa de nda oddoreye. Yagune âbbaŋaa Masaraa nîŋa mbo Bereje nîŋa mbo tîran mada laŋo inder-kunuŋ, mada kûjum nda toyona, kîjii gînag-gînag geye wândaŋina, âbbaŋa Bereje mana "Kûrbu âmbi!" tirnen kûrbu ûn̰a, Masaraawo kûrbi mbo ran̰a tândaŋina âji mbo:

Sultan Âbakarko âri noŋ kîbin kul waka
Lîsa îya kire, hugura ŋgo ken kâŋgaytiyoŋ?
Dar ŋundim kara, guri noŋ kindirndiye
Kâriŋ kara, amboro mbo ŋgo ken sawa kûti?

Âbbaŋa Masaraa nî Mânsur ta baba Bâdawi ira gi, âji gu tinaŋa-kunuŋ, koro n̰uguri molo ndor "Mi ambaran̰en marnde, dar mînim mâlanti!" tîrnaŋa.

Lêle ili molo, nâyirii taŋa wî mbo rôgol dar mo wâlantiŋa ke inda gu, Tajaddin nusurii taŋa mbo karu Furtawo nunjurun rayin darko landir-kodo, kaa taŋa Dar Berem ninda wîwo "Kare" ru mirsala tena. Waren, Bereje du "Gû mbo manaŋi" ru ûrcuŋa. Yagun Jîddo Tunuŋ ti nimo ganim mo nabasenda lo cumesin talana.

Ili molo Masaraa kûrbu dora osiŋa, gâbine Bereje waran̰iŋa gi ta jam. Yagu Bâdawi ira gi nîyembo oddore tosire. Ti kûrbu gondokol fi noddore nî yere. Hâgudu Jîddo Tunuŋ nîyembo tûccumarin, iyaŋata âju wândajiŋa:

Jume noŋ de cumo
Ira gu irsina de ye
Nima gi koroo naŋa me ye
Jîddo Tunuŋ

> *Sultan Masaraa nî turlaŋa gi:*
> *Tajaddin Ismayil (1905-1910)*

Juriŋ Dar Masara taŋa koroo Masaraa nîŋam lasira (sene 1905)

Tajaddin noŋ Abduzen Tunuŋ noŋ Âli Sannan noŋ Tumtume waka. Tumtume ti Dar Masaram rî nîliŋe ye. Ilim i juriŋ usuriteyeka urguriye, yagu juri ti tîran râcawa ye.

Tajaddin ti mâlikta Masaraa nîŋa muta mbo garbi mbo ninda ilam mirsala nda tena, i Furta nîŋ koroo molo sule ninda ye, hâgudu kanaa nûyee taŋa Gûre Foroŋ mo tunduŋannîŋa ilam nâyirii taŋa tâyina. Juri kâddi gi ûraŋa yere, yagu Tajaddin ti kârifi tîŋa-kodo ṇoru juriya tândaŋinaye.

Sultan Tajaddin mirsala sultan Mabaa nî gu nda tena, sultan Maba nîg awun tennde. Yagu ti awun tento tîkala awun tenan, tiro nda wâlandirti noŋ tirnen, îya tîrnaŋa. Hâgudu sultan Bereje nî gi du kano katab nda ken, Masaraa i Furtawo nûrci ye, hâgudu saltana koy Furta nîŋa ye, Âbakar ti kana gîlaŋ na gu tilinarniye ru, Tajaddinko kano katab ken nda tenjebena.

Tajaddin tîkala gu, kana igi kana Masaraa nî ye, hâgudu saltana koy îniŋa ye, hugura maṇi enende, Âbakar mbo gê Masaraa kâddur kîbin Fachir naŋ sûg mo majiṇ noŋ de ndîŋ orokesina. Orokesina gim, Masaraa tuu kimiṇ wan malta wan kooy le kâriŋ darko le tîŋ waka.

Kârifi tîŋa-kunuŋ, Tajaddin sîr ken dar muta hille Kôṇe lo Ṇabare lo, Kûjunuŋ lo, kâddusar Masaraa nîŋa mbo kanaa nûyee mbo ilim me yere. Ili molo kul Maŋgo tara. Dala Âdiŋgi Kusube mana gu tarka. Dala Âdiŋgi ŋgo tire, "Âmin kûdo mîni tûsusaŋa" tîrnaŋa. Yagun tiro Furta firchekandu ûŋa tinderniyere. Yagun Dala N̦indiko Maŋgo na gi îya tîrnaŋa.

Hâgudu Tajaddin Ŋgobe kaa toron nasa gu de tindila, ndira tag ŋgo tire, "Dar kîni yeka kûjoo lamin kindeto kinnde-ken, sefta kelebena, n̦orii kirana, âmburcuŋin darko malandir! Ba îya rînaŋ, kûjoo susin majikandu de kinndetiyan, ama kinta molo sule ye." In tîrnaŋa gu, bûgulan̦ koroo lamin "Dar mînim mîsanti, Mula haywa tîrnaŋan" rînaŋ wâmina.

Ŋgobe lo sîr ken, Mestere kanaŋ nanjaŋ ko Dala Barkewo warka. Dala Barke ti Furtawo nûrcinni ye. Yagune Dala Jamba ti kurnaŋ sultanko tûrcuŋa, ko dûkum Furta nû Mestere na gu odoroŋa. Juri ilim Furtawo lamo ketel uraŋgala.

Ili molo kurnaŋ dûkum Furta nî kâddi Gilane na gim wanjaŋa, bûrti îni gim, Masaraa kûmagta-kûmagta ûrmakin Todoronawo ko Tûkul-Tûkulwo ko Gilane waka.

Tajaddin mbo Agit Tegele mbo îdirana, jechta Tegele taŋa wî i juri taŋa alle rogol telaye. Sultan mbo tîranu ko dûkum Furta nî Gilane na ilim munje de njûr, ŋun subbo tam elele de odoroŋa.

Wâkit ili kori ye. Târii nennemi nîyembo nurnaŋa yere, in ken Furta saŋan îŋnde, gi ta jam sâwiye mbo nennem mbo kâddur wayana.

Hâgudu Masaraa Furtawo rayo dûkum Adam Âli ta "Karag" ira ilim wayi gu til-til ken, n̦ori molo nîŋa ila ko windila-kunuŋ, Adam Âli du lila mbo ken, kaa taŋa kul Dar Masara molo tîŋa. Adam Âli dûkum to le târiŋi gim, berig to sîŋgem kucuŋ, hâgudu kaŋgu tu bero jîso nundun̦uŋ, bânu nîbin tela. Kaŋgi ili bânu tosen, Masaraa du "Furta ôrgolin musurunteye" ru agit îni dûkum mo kar tayi gu, kâriŋ dûkumko fero de ela.

Kaa Masaraa jo mbîr mbo de Furtawo rayin dar molo ndîŋ dar înu ula. Yagu Mahmud Dadaŋgawi ta dûkum Furta nî, tîle Mogorne nêreŋarni ili koy kâriŋ Dar Masaro le tîŋa.

In ken Masaraa jo mbîr mbo de dar înu koroo îniŋam usa. Iyaŋata âju wâjiŋa, âji gi:

Juri mîni un̯n̯a ye
Âyŋge tîŋari mbo mândaɲinaye
Beri mîniŋa fariŋ Furta nîŋa waŋanaye
Kucice mîniŋa n̯u Furta nîŋa in̯ana
Majiri mbo kadumar mbo kîbin nda mula.

Juri Kejkeje tag (sene 1905)

Hâgudu Masaraa Furtawo raŋgal, Dar Masara molo ndîŋ-kodo darko rogora wândaŋina. Wândaŋina gim, Tajaddin Masaraa darta tuum nakarniŋa ila kooy turuŋa.

Dar Berem nakarniŋa ila kûjo îni Bâdawi Sultan Âbakar ta kima mbo jâribe sultan ta gi mbo turuŋa, hâgudu Dar Mabam Abbache nakarniŋa wî du, kûjo îni Mahamat Baharaddin "Ndoka" noŋ âbbaŋaa taŋa noŋ turuŋa.

Hâgudu darko rogol, kallo tinjeteyeka, dalan̯ Furtawo nurcuŋanniŋa ilawo kuruŋ nar nundun̯uŋ, kana îni enanni gi bîye yeka nosiŋ, dar molo turaŋgalnde, simo kenu tela.

Hâgudu dalan̯ mbo firchen̯ mbo, alle Tajaddin mbo kû Furtawo nunjuruna ilawo du, an̯ek tiro mbo nâyiritiŋa njuŋŋa tûsa.

Hâgudu Masaraa Dar Masara molo Âli Dinar taŋa âskartawo kooy rayin îndiŋa gu, Sultan Âli Dinar ti ano-ano tirnen, "Ama de Dar Masaro ko anjurunti" ru ruguro tinda gu, Sultan Tajaddin du kaa kaŋ nda tenjebena. Kaa tenjebena ila Sultan

Âbakarko îbina ilu nûrantiŋa lo waka.

Âli Dînar Masaraa nû tîno nosiŋte lo, nîyembo ŋoṉin, âskarta taŋa mbo beri mbo kooy erdim ndîŋar, kaa Masaraa kaŋ na ilawo nînjikal-kodo ŋgo tire, "Âskarta mbeŋa wî njuŋŋa ye sul âskarta Tajaddin taŋa wî njuŋŋa yoŋ?" I du ŋgo ire, "Âskarta naŋa wî kâddur ye, yagune beri Tajaddin taŋa wî naŋa molo kâddur ye" îrnaŋa. Yagun Sultan Âbakar ta bûrti gu ûcaŋnde, kaa ila du kallikandi mbo de ken tenjebena.

Nâyirii Âli Dinar taŋa ila, Âli Dinar ti de jurim tato îya rînaŋ, nâyiri gi ta Gamaraddin Bârti kima gi "Ama de âskarta kul ko Dar Masaro âtturaŋti, hâgudu Tajaddinko koy tîyar ta Âbakar noŋ de kîbin nda anarti" tirnen, meremta du Bârti kima gu hinno nduŋ, hârirta ndacin onjorona. Adam Âli du koy âskarta taŋa kul tîŋara. Furta rugul Dar Masaram wayiteyeka ware gu, âmir Sinin Kâbkabiye na gi tinaŋa-kunuŋ, Sultan Tajaddinko kano nda tenjebena, inta mbo alle jaman Mâhdi tam akuya njuŋŋo enerniye.

Sultan Tajaddinko kana gu ininaŋa-kunuŋ, fâkije taŋa mbo nâyirii taŋa mbo kooy toron, sossoko nunduṉuŋ, bûrti tîle mbo de tîŋa. Tajaddin ŋgo tire, "Âli Dinar jurim tare. Juri ta gi nîyembo njuŋŋa ye. Mi wî mîsante de ye, mi wî dîŋ muṉndiye, mi wî jo kûriṉ mînjikalndiye."

Gamaraddin ûraŋa sa tûcuci mbo sîr ken, Dar Masaro tanjaŋa. Hâgudu ti de yande, sutuṉ tuu nîŋa âmirta ûrcuŋa: nûrcuŋa ila i : Âbakar sultan Beygo nî gi noŋ, sultan Zogokor Kûbe nî Abdarahman Fârti noŋ, wândariŋa Chârif Maydobta nî gi noŋ, sultan Bereje nî Adam Sileman Am Kardus na gi noŋ, chartaye Bereje nî Azzen noŋ, kooy Dar Masaram wara.

Masaraa Dîrijel mbo Kîrendik mbo olonam Rad Kejkeje

Furtawo wandala. Juru wândaŋartarna, juri îni gi nîyembo uṉṉa yere. Yagune Masaraa saltana îniŋam nîyembo njuṉṉu kusul surun Furtawo urayina, hâgudu kûjo îni nanara Gamaraddinko uya.

Gamaraddin tiro hinno nduŋ hârirta njoron ena kar, jurim kûde "Majiṉ, nene kîni ŋgur yoŋ? Majiṉ, nene kîni ŋgur yoŋ?" ru tiye-de, Tajaddin sîkal, ti gîlaŋ Gamaraddinko koro cumaŋ tenteŋa târiŋa, Âbakar taŋa kimiṉ du rayesin naŋ, Rad Andar molo saba Dîrijel molo saba naŋ uyanniyere.

Gamaraddin ti Dar Masara molo "Karo nar taŋu anndenti" ru tiye-de, dolo[8] kenju uya. Âli Dinarko kano Fachir naŋ ininaŋa, gadam ṉuŋ tindernig koy wenjel! in kurnaŋ ŋgo tire, "Masaraa i gîba osenden Gamaraddinko uyoŋ?" Inko joo kaŋ rînaŋ-kodo, Âbakarko tuya.

Yagu Sultan Tajaddin tîyar ta Âbakarko Fachir uya ru indila gu, "Babi molo gândul tîlo indisan, maya tusndiye" tîrnaŋa.

Hâgudu nâyirii Sultan Tajaddin taŋa Furta uraŋgala-kunuŋ de usulnde, Dar Fur mo narku beri nda kul, iyaŋata nda kul le Dar Masaram wâlandira.

Rôgora Tajaddinta Âli Dinar mbo

Âli Dinar sultan Furta nî gi tîkala gu, Masaraawo juri mbo de nar turmandiyeka, juri ta kana gu le, "Kallikandi mbo de môrgolni" ru Sultan Tajaddinko kaawo nda tenjebena.

Njebenu ŋgo tire, "Môrgolto de anndegiye ru kitabko gadar mbenndiye, hâgudu ṉorim koy mâlandirndiye, darta mbara na wî kallikandi mbo de mâyiriti" tîrnaŋa. Yagu Sultan Tajaddinko Âli Dinar kitabko torfolnde âṉaru de mul-mul ken torfola ru ininaŋa,

---

8   Dolo ira gi ti ru taye gu ûnjutaŋa gi ye.

Tajaddin kûri mbo kûran naso tîbinnden, kaa ilawo tenjebena Âli Dinar tindam wâlana.

Lân Tajaddin ru kûri mbo tûre gu indila, Âli Dinar njeba katab kenu naso nda îbinto ninnde "Ama Mulo awurakeye, Tajaddinko awurakende. Kitabta mâri arfola, naso tîbinndan, fâkijewo tenjebenin warin, uyo îniŋam de nda arfol" tîrnaŋa, Tajaddin fâkijewo nda tenjebena.

Tenjebena ila nî kûjo nâsibi ta Fâki Yunis te, tenjebena ila Fachir ukuṉuŋa ûcaŋa ili sene 1907 yere. Hâgudu nda lasira nîyembo kallo ken ndalu, malko koy nda tidibana, yagu naka wî nî Fâki Yunis kûri mbo kûran, ṉetu tiŋanto îya tîrnaŋa. Yagu Âli Dinar masarak tîlo-tîlo tosiŋa ila mbo "Ṉan!" ru tûrana tiŋana, kaa ila kallo de wâlandira.

Hâgudu bûri ûcaŋa ilawo kooy mosende, yagu kaa tuu kîbisin enewo wabasiŋteye, hâgudu kaŋgi lo kaŋgi tam tacindito ena. Ili molo darta mbara na wî kallo de wâyirinniyere.

Juri jâribe ta

Juri Chawa ta sene 1905 kâddi nûkarni ilim, Sultan Âbakarko Furta îbinarni ilim, âbbaŋaa taŋa mbo basaŋaa taŋa mbo tuu kâriŋ Dar Berem waka, tuu du kâriŋ Dar Mabam Abbache waka. Yagune Tajaddin ti kambaskandi ta mbo de bûgulaŋwo nâyawiretiŋ kalla in rogol, ko Kunjuldim surun, Mestere kar surun, Gilane surun, Kejkeje surun, Furtawo raŋgal Dar Masara molo ndîŋ, ili molo kambaskandi ta mbo de kûtim tuṉuŋa. In ken âbbaŋaa mbo basaŋaa mbo darta tuum nakarniŋa ilawo turuŋa wara.

Yagu kimiṉ Sultan Âbakar taŋa Baharaddin mbo Bâdawi

mbo "Saltana baba mîni taŋa multi" ru ena saŋan ulnden, Baharaddinko sijin mo ûrsaŋa, Bâdawi du kâriŋ Dar Mabam taka.

Saltana Mabaa nîŋa wî tîyar îni yan koy "Saltana awulti" ru tena îbinan, kosi udere, hâgudu Furta du tîyar îni lo "Hukumko awulti" ru tenan, tôfoṉ Kuma Marre taŋa ilam wandacirre, yagu Tajaddin ti kana gu tennde, kallikandi mbo de kuruŋ nar, simo ken, kimiṉ taŋa jîse ken, Baharaddinko du dîŋ taŋam nucico tenarre.

Kaa saltana Gereṉeŋ nîŋa wîwo ulto ninnderniŋa

Juri toŋo na gi nîyembo bîye ye, njuŋ usulndan.

Sene 1890 ilim Usman Jano kâddusar Âli Dinar taŋ mana Mestereŋwo nînjenu "Saltana kîniŋa Hajjam taŋa wîwo landiri!" tîrnaŋa. Hâgudu sene 1910 ilim, âskarta Âli Dinar taŋa mbo kima Hajjam ta mbo, hâgudu kâdducar dar Ereŋa taŋa mbo dar Jabal taŋa mbo Dar Masaram wanjaŋa.

Hâgudu Dar Masaram Faransiyinta waya, Tajaddin mbo usuruna, Sultan Tajaddinko uya. Uya ilim, sultan ta baba ta tîyar Âli Sannan uri ili kâriŋu Âli Dinar tindam taka, Âli Dinar nîyembo kallo ken tandalaye.

Juri Dôroti ta ilim Sultan Tajaddin tîya gim, Baharaddin tôrin, Îdiris Aŋgara du "Lôran! Maŋ de sultan gûka. Kaa naŋawo kîbin, lîyarce naŋa du tîlo koy munje kûyye."

Sultan Baharaddinko darju ena-kunuŋ, Faransiyinta mbo rôgol gâyiriya tândaŋina, yagun tîyarta Bâdawi Faransiyinta mbo tôrgola gu toŋoṉinnden, ti koy darje Baharaddin taŋa wîwo kênju kul "Kûtim aṉuŋti" ru tena tasaŋannden, som to ken, Faransiyinta ndamo Dar Berem ko surisin hilleṉ kâddur de tula, Faransiyinta nî kâddi gi du nda tumaṉirnden, Ndokawo kano nda tenjebenarniye.

Hâgudu tîyarce Ndoka taŋa Abdu Chârif noŋ Âli Sannan noŋ kâriŋu, Dar Fur mo Âli Dinar tindam ko "Awun ambenin, darje Baharaddin taŋa wîwo mulni" îrnaŋa. Âli Sannan ti "Saltana wîwo bîyo age" ru ke-de, ndû to de âgum tuluna. Hille Koŋose Jinene molo muta na ilu keŋeŋ kulu, taŋa de tigen, mama ta âmin Dâwud Bûbuli dargu tige-de, mama to du juri Dôroti ta gim uya-kunuŋ, Âli Sannanko "Âduwo nindiri kûyyenden, saltana wîwo ama Baharaddinko njûr awulti" ru tigen, Masaraa du kîbin naŋ Îŋgilizko ûŋa, koroo îniŋam tîya.

Hâgudu Âli Atamtam ta kima koy Faransiyinta "Awun ambenin, Baharaddinko njûr awulti" ru tena, yagun kaa nandadalu, ru teni gu indilina. Iyaŋata âju wâjiŋa:

In bîyee geyán!
Ŋamu baba na to ŋande
Abdalkarim maŋ gadir le
Saltana nasara to ndide

Bûrti âbbaŋaa igerni gi

Jâribe sultan ta molo, hâgudu kaa tuu molo kooy "Saltana multi" ru ena, yagun saltana wî Gereŋeŋ molo îŋndiyye. Sultanta nîyembo kâddur yere, yagun Sultan Âbakar taŋ kimiŋ mbeli kaa kâddusar nûka de 40 yere.

Âbbaŋaa i ganii mbara yere. Âbbaŋaa tuu kadumari nîŋ kimiŋ yere, intawo Masaraa sule inndenden, bûgam kûde sultan mbo munje de wâyirire.

Hâgudu âbbaŋaa tuu, dasi îniŋa Masaraa mana wî du, mûco sule kulusu, hâgudu malta kâniŋa nenee oŋoŋ-kede kulusu ŋo, hâgudu kâli nomoŋe mbo beri kallaa mbo ulusirre. Wâkit ili Sultan Ndoka ta me yere. Masaraa nîyembo dabaro waŋana.

Basaŋa tu beri nene wî nî kâddi Tajaddinko nûrcirni gi, luk kaŋgi to nomoṉo neno îrkarni-kede ula gu, nene du tîŋara-kunuŋ basaŋa gu tuya. Iyaŋata âju wâjiŋa:

> *Hay Kondo, njulgi ta sanim kotu liyán!*
> *Kimiṉ sâwije leya*
> *Kimiṉ sâwije luduna*

Ṉori Kuma Mûn tag

Ṉori Kuma Mûn tag tûka ilim, ṉori igi nîyembo kaa tûrgurtaŋare, Chârif Dudlam ta ja do lo. Ti Masaraa lo Furta mbo kûcaŋ sultan Kuma Mûn ta nûte lo, kumam lay nasko torfola, Tajaddin kinaŋ tanarka. Narku, nasko kul hâbutuu taŋa tene ila kooy kênju tula. Tuu kâriŋ dar Gireda waka, tuu du Dar Berem waka.

Kambaskandi Masaraa nî

Wâkit 1890 lo 1910 tîna, Usman Jano Dar Masaro tunjuruna molo, hâgudu Faransiyinta garbi lo oyora molo, bûgulaṉ Dar Masara taŋa mbo kâdducar îniŋa ornoŋta molo agitta molo, juriṉ Dar Masaram suri-de, juri taŋ do lo nîyembo osiŋa. Hâgudu kanaa nûyee wara molo, aṉek kûriṉ uluna.

Ili molok kambaskandi Dar Masara ta gi nîyembo tînaŋa, âmin-âmin koy kaa gureya elende, hâgudu iyaŋata koy âji nândaja elende. Kambaskandi Dar Masara ta gim âbbaŋaa mbo basaŋaa mbo nîyembo njuŋo usularre, wâri sultanta nî gu do lo, hâgudu gâyiriya îni gu sultanta kooy nîyembo ajab îrnaŋa.

Faranisyinta Dar Masaram ma way-kede wâyirna wî

Faranisyinta Dar Mabam

Jo 2 aye 2 sene 1909, Abbachewo Faransiyinta ulanniye. Ili Sultan Dûd Mura ti sultan Maba nî yere, kâriŋ rî hille Am Chaloba ira ilim taka, hâgudu Faransiyinta du Adam Âsilko sultanko enarniyere. Faransiyinta Dar Mabam sene 1906 kûran elanniyere. Kar Abbache lay inda gim, Mabaa tuu îya ire, hâgudu lardi Masaraa mbo Mabaa mbo olona gu kurako, âskarta tuu saba kanaŋ enjeberniyere.

Faransiyinta Dar Mabo Abbachewo kul koroo îniŋam sûkodo, bûtasi kanaa nûyee mbo ŋorii mbo kooy nda kul-kodo, "Sultan Adam Âsil mbo minta mbo âmburci" rînaŋ-kodo, sultanko awun nigeti du unduŋa.

Hâgudu Sultan Âsil sultanta tuu darta mbo lardiŋ nene wîwo jo 5 aye 6 sene 1909 njeba nda tena, "Ama sultan Dar Maba ta âka!" ru nda tenjebena. Sultan Tamaŋ nî gi mbo, hâgudu Bereje nî gi mbo ŋoŋin urcuŋa. Yagu sultan Masaraa nî Tajaddin noŋ, Furta nî Âli Dinar noŋ, Gimirta nî Îdiris noŋ i urcuŋnde.

Sultan Tajaddin kano njuŋŋo katab ken nda tenjebena. Njeben ŋgo tire:

"Ama achaman te, kaawo nurcinda ye, hâgudu maŋ Mulo âsso ru ndela, dar ûwaŋ naŋaŋ nî gim lândira gi ta jam. Hâgudu Mabaawo kooy âguru nîrfila ye, hâgudu amboro koy Mula andela Dar Masaro landir Masaraawo âguru nînirfil andaye."

Hâgudu Sultan Âli Dinar koy kano katab nda kenu ŋgo tire:
"Hâbutu tu tinde, kaa kooy ose. Dar Tame noŋ Dar Zagawa noŋ Dar Gimir noŋ Dar Masara noŋ Dar Bere noŋ wî kooy sina-sina

ye. Amboro mbo ûcaŋan, amboro mbo mâyirin. Ûcuŋndan du nûkag ginaŋni!"
in tîrnaŋa.

Sultan Âsil ti nîyembo nilila lo kanaa Sultan Tajaddin mbo Sultan Âli Dinar mbo kanaa indila wîwo tosiŋa, yagu Faransiyinta i osiŋnden "Saba kanaŋ maye" ru wanjaŋa. Kônonel Faransa ta Fiŋgicho[9] uri gi kûran ŋgo tîrnaŋa, "Dar Maba koy koroo mbeŋa me ye, hâgudu hilleṉ lardi mana wî kooy mi de murseteye. Hâgudu sultanta jire mana kooy Faransiyinta de kûmburseteye" ru njeba darta Dar Mabam mbo lardu na wîwo gani îniŋam nda tena.

Faranisyinta Dar Tame mbo Dar Gimir mbo waya ilim

Faransiyinta i gani îni gu mûgula ûsunjiyaka, ŋoṉo Îŋgiliz saba kanaŋ lo tarayan koy, lardi Dar Fur ta gi dol wanjafirnan koso ureteyaka inko igerniyere. Aye âdaylaŋag tônodi lallaŋ sene 1909, Faransiyinta Dar Tamem lay, berig îni suba kaŋ nene ilu wamina, sultan Tamaŋ nî Usman du kâriŋ Âli Dinar tindam taka. Hâgudu Faransiyinta Sultan Hassan uru inta mbo nâyiri to unduŋa.

Sene ilim de Faransiyinta Dar Gimir mo koy waya. Yagune Sultan Îdirisko Sultan Tajaddin kano nda tenjebena, fariŋ îrdim nda oyna kuran tinderniyere. Sultan Tajaddin ŋgo tire, "Sultan Îdiris, ma lo Kîrdiṉ[10] wo guruŋa waraye, maŋ wala Kîrdi lande, hâgudu na ja do lo dar mbem koy waraye, hâgudu ama mboro du bûrtu nda anti, hâgudu dar no koy bûrtu nda anti" in tîrnaŋa. In tîrnaŋa gu, Îdiris kuran kâriŋ ko Kîrdiṉ mo lay darko koroo îniŋam de tela.

Hâgudu Îdiris ti dar mo senem nûkasi wîwo Faranisyintawo

---

9 Mirsi gi kanaa îniŋa mbo *"Fiegenschuh"* katab iriri.
10 Kîrdiṉ ira wî i âskarta Faransa taŋa wî ye.

tûnjite mbo ûcaŋaye. Hâgudu malta koy tûnjiteye. In ken dar ta molo kaawo ndîŋ roka koy tunusularre.

Faranisyinta Dar Berem waya ilim

Daraŋi Faransiyinta nî Dar Berem naka gu jek kallo ken wandala, in ken "Daraŋi âskarta nî Abbache na gu asarko amba njebeni!" îrnaŋa. Yagune sultan Dar Bere ta Sultan Bakitko warkinde, yagu Dar Gimir mbo Dar Tame mbo ûcaŋa gi noŋ de, Dar Berem mbo koy ûcaŋaye, bîyo îrnindito kallikandi Mula tira gi noŋ de ûcaŋaye.

Hâgudu "Kanaa nûyeewo koy, kaŋgi nîyembo nindiṉana mbo, hâgudu bîyo amben nare mbo, wî mo de mameteye, yagu Faransiyinta osgi mbo de mameteye" îrnaŋa. Kana gu kâbten Faransiyinta nî mbo wâzir Faransi mbo ûcaŋanniye.

Hâgudu gûca îni gu mîru wandayndirniye, yagu riyalta nî ganim dee kâddur mbo asee mbo kâciŋ munje nîŋa mbo uguyo koy ûnjite mbo ûcaŋarniye.

Faranisyinta darta malaŋ îkalto enanni ili

In ken Kônonel Sultan Âsil mbo darko malaŋ îkalteyen, kano njeben ŋgo tire:

> "Mi kîjiraŋu darta kîniŋam salam kemben mare, hâgudu Sultan Âsil koy minta mbo gê tati, yagu Âsil ti waldama de ye, ti sultan noŋ tande, hâgudu hilleṉ nîŋ nenee wîwo kindilin, hâgudu Islam gu de rûci. Mi gusunjuriya mbo tijara nî bûrti mbo mîkal magiye, hâgudu sultanta Mabaa nîŋa gani saltana nî gu le niyenda ye, juri tûka mbo Hij mo wagi mbo de niye ye"

in tîrnaŋa. Inko ûranare, yagu Fiŋgicho Âsilko Abbache de le, ti kaa tuu wî mbo de taka. Lardi Dar Masara ta gi molo tândaŋinaye.

Faransiyinta Dar Masaram waya gim

Faransiyinta Sultan Âsilko koy indil-kede âskarta joŋ niye 582 mbo, berim niye du 129 mbo, inko kulu waya. Dar Masara ti Dar Maba taŋa koroo mo ye ru waya.

Wâkit ili korondiŋgi yere, asee koy ma idibannda yere. Masaraa i aŋsarta Mâhdi taŋa yere. Îŋgiliz kar dar Mâhdi ta gu kul saba lo kar Fachir tusula, saŋan Dar Masaram taynde, hâgudu Masaraa i Faransiyinta nîŋ ûyo sîkal kalla yanden, usurunte mbo de ûcaŋa. Hâgudu Masaraa i Faransiyinta ken Abbachewo ula gu osendire.

Yagu Masaraa i baka yere, kanaa nûyee îniŋa koy baka yere. Ili mbo koy "Kufarta dar mînim wayndiye" ru ôrgola. Hâgudu Faransiyinta i du, kanaa nûyee kâddusar "mutfaṉ" uri wî mbo, hâgudu kanaa nûyee njuŋŋa sina mbo ene gim kûde, Masaraa urannde, rayin dar molo îndiŋa. Juri ili nanna tâŋgit Sudan mo koy tûkindire.

Ṉori gim kûde, hâbutu ndaŋ-ndaŋ tinde mosiŋti. Ṉori Masaraa mbo Faransiyinta mbo usuruna gîlaŋ na gi Kîrindaŋ ye. Sa Cukaŋgi "Bîr Tawil" mo yande. Sa Cukaŋgi ta ili andikokota de ye, juri kalla gi Kîrindaŋ ye. "Kîrindaŋ" ira gi, sîŋge âbari goṉe yere, madaldi Kajje molo muta, taṉi sultan ta molo saba nîliŋe ye.

Mahamat Hawsati njibirtiriya Faransiyinta mbo sultan Tajaddin mbo olonam nâyiri gi sîkal ŋgo tîrnaŋa, "Ama Dîrijel ande-de, baba mbe Abbache tîya ru ambindila aka gim, juri Abbache ta gu Faransiyinta ken, asima Mabaa nî Abbache noŋ mâdine Atiya noŋ ula âkala. Hâgudu Abbachewo Faransiyinta ula gi juri mbo yande, Abbache taŋa nene lo kûriŋ mana kû nda ela de ula. Igi bûrti gi gîlaŋ na ndaŋ-ndaŋ gi ye. Hâgudu tu gi du sultan

Mabaa nî Dûd Mura kâriŋ darko tela, Adam Âsilko sultanko unduŋanniye" in tîrnaŋa.

Ŋori Kîrindaŋ tag (jo 4 aye 1 sene 1910)

Sultan Tajaddin Faransiyinta waro tinaŋa gim

Faransiyinta Abbachewo ula-kunuŋ Dar Masaram wayteyaka urgurinniye. Agit Mahamitta nî Fandago Sultan Dûd Mura ta kâddi lo ninderni ye, tîkala gu kana gi uji-uji yanden, Sultan Tajaddinko kano ken nda tenjebena. Kana ta ili ŋgo tire, "Faransiyinta wî Abbachewo kulu hâgudu Dar Masaram wayti ire, yagu kanaa nûyee nda wanarin, naytiŋa lo rûse inde gosin sêy!" tîrnaŋa.

Sultan Tajaddin waraga ta gu fûtturaŋ gâr ken tîkala-kunuŋ kurnaŋ nasko rofolu, hâgudu kâddunjar dar taŋa kooy kuruŋ toronu, waraga guwo gâr tena. Gâr tena kinaŋ, kâddunjar nusurii nîŋa wî mbo ken, Faransiyintawo wandalteg kûran, nusurii îniŋa Dîrijel lo kul Dôroti naŋ ûnjura. Njûru Faransiyintawo ilim rûseya wândaŋinaye.

Sultan Tajaddin âskarta taŋa todorona gim

Tajaddin âskarta Masaraawo gîlaŋ toron-kodo, hâgudu sutuŋ tuu Masaraawo nûrci juriŋ ûkan koy tiro mbo awun îrari ilawo, kanaa katab ken nda tenjebena. Nda tenjebena wî i Dar Bere mbo Dar Tame mbo ye.

"Faransiyinta Dar Maba molo tîŋar Dar Masaram wayi-ken, darta kîniŋam gîlaŋ wayti. Njuŋ kusuli, hâgudu Ârinje Salamatta mbo Ârinje Mâhamitta mbo Dar Mabam ninda wî, ki Faransiyintawo kunjurundan kanda bîye ye!" in tîrnaŋa.

Faransiyinta i Tajaddinko njebaa mbara nda enjebena. Tumtume kar-kar, Tajaddin du katab ken nda lan ŋgo tire:

"Fiŋgicho, maŋ 'Dar Maba mbe ye' rin kalla ye ru mbela, hâgudu 'Bereje mbo Tamaŋ mbo Gimirta mbo amboro âmburci ye' rin mbela, yagu Dar Maba ti garbi ye, Dar Masara du saba ye, ambirmilo koy menende, hâgudu aṉiŋ mîniŋ koy ûṉuŋgusirinde. Maŋ amboro ândikalto ninnde-ken, gara ândikal yagu hassa yande. Bûgulaṉ mbeŋa wî amakar ye, hâbutu naŋa maŋ ninje ilawo nda urakende. Mal-mal geyán, rugula de ka!"

Hâgudu mirsal ta gi Alhaj Mahamat Fallati njebaa kulu Dôroti lo kurnaŋ Âbi Tarja taka. Gani Âbi Tarja ira gi, ti lardi guri Dar Fur mbo Dar Maba mbo olona mo ye. Njebaa kul tayi gu, andayta Faransiyinta nîŋa wî mbo îdirana, tiro kul Faransiyinta nî kâddi gim wanaŋa, njebaa sultan taŋa wîwo tûṉa.

Faransiyinta i gâr ken sîkalu, agit Mâhamitta nî Fandagowo kuruŋu "Kaa wîwo rîkarnu" irnen tîrkarna, ru wara gu indila. Faransiyinta njeba katab kenu ûṉa.

Kanaa îni gi "Mi Tumtume de mindeti. Kaka sultan kîni gu ndili!" îrnaŋa. Warteye ru eni gu, Agit Fandago ŋgo tire, "Ama kufarta mbo asurindiye. Sultanko kaka ndili, ti tusuruntiyan, Mula ta de awun tente" tîrnaŋa. Njibirtiriya wî Tumtume lo kurnaŋ ware gu, sultan kurnaŋ Dôroti lo gani ŋundim taka, gani ŋundi gu tiro hassa Jinene uriye.

Njeba Faransiyinta nî gu Jinene naŋu ûṉaye, hâgudu sultan ti njibirtiriya taŋa kâddur na wî koy ti ruguro tindaye, juru tusurunte-de yaka.

Hâgudu dîmaŋgatam Faransiyinta Tumtume lo kurnaŋ Kenndere kar ûnjuro Sultan Tajaddin tinaŋa.

Faransiyinta i "Tumtume mindeti" îrni gu ano waminaye, Dîrijel dumi Masaraa nî gu gammu ento kûrim ne iyegiye, yagu sultan Dîrijelko fero telendaye, bûgulaŋ njuŋŋa ilawo de namalaŋ telaye.

Ilim Faransiyintawo sîŋgee kûjom nda ûntaŋa. Yagu andayta Sultan Tajaddin taŋa Faransiyinta ŋgur usoŋ, ŋgur uŋunoŋ, sero niye lo Kenndere kar ûnjuro sîkal, sultanko indila. Mirsalta kaa kaŋ, Masaraa mbara na wî i Mahamat Tûtuna noŋ Abdalla Daca noŋ, hâgudu Mahamat Harin Borno gi noŋ tenjebena. Dûkum Faransiyinta nî gim munje waka-kunuŋ, âskarta kâddur wasii îniŋa mbo, hâgudu hâbutuu i âŋgit îkalnda îkala-kunuŋ kuran fariŋ îrdim nda ôyna, njeba wanaŋa gu koy ûṉu-kede le lândir hâbutuu îkala wîwo kooy sultanko indilaye.

Indila gim, ṉereŋgatam Tajaddin dîro kâddunjar nusurii nîŋa mbo tena, ti hâbutu teni-ken, kâddunjar mbo sossoko tûṉuŋ-kede hâbutu kûjo ta mbo de tigende. Sossoko ṉuṉu ûranan, kana tîle kaa kooy oŋoṉina ili mbo de hâbutu tigenniyere.

Njeba Faransiyinta nî mirsalta kaŋ kul naŋ kuran le wâlandira ilu, Tajaddin Umnda Hamid Mahamat Hawsatiwo tiro de ṉû tenjebento îya ru, tiro mbo gê hâkkoy mirsalta kaŋ tenjebena. Ila i Masaraa lollo faranso nosi ye, gê iye-ken hilleŋ Masaraa nîŋam wakan koy ûranteyande, hâgudu sultan ŋgo tîrnaŋa, "Dîrijel ambanaŋi ira-ken, bûrti madaldi ta gu kula kare!" tîrnaŋa. In ken wayi gu, gani kusaŋ nîyembo lîŋgi tûka, Kuma Dîse Jinene mbo munje na gim ko oyona. Oyona gim, wasii dûkum Faransiyinta nî gim sîkal, asarko de gani înim waka.

Waka gim, Hamid Mahamat njebaa Sultan taŋa wîwo tûṉa, i du tiro îrkarna. Rîkarnu ŋgo ire, "Sultan Tajaddin ŋgur yoŋ?"

irnen, ti du "Madaldi Kajje tûsura" tirnen, "Ŋgâru ninnde tûsuroŋ?" irnen, "Saa ninnde tûsura" tîrnaŋa gu, i ŋgo ire, "I alle âguru waŋeroŋ?" îrnaŋa. Hâgudu kaa gê waka wîwo îrkarna, "Wî Sultan taŋ kâddunjar ye" tîrnaŋa.

Hâgudu Faransiyinta Fâki Azalo inta mbo ninda iliwo ŋgo ire, "Ka, Tajaddinko kano katab nda geni-ken, lêle talata guwo njindi mâri tara ambarkite. Ba tarndan, mi dar to mûmmanti!" in îrnaŋa. Sultan Tajaddin njibirtiriya taŋa kâddur na wîm Faransiyinta kallikandi mbo waroŋ, juri mbo waroŋ tosiŋa, juri mbo waro tosiŋa-kunuŋ, ti koy tusuruntem de turgula.

Hâgudu kaa kaŋ na Tajaddin tenjebena dûkum Faransiyinta nî gim naka wîwo, Faransiyinta "Dûkum Tajaddin tam ambanaŋi!" îrnen, i du bûrti kalla guwo nendelu, bûrti bîye madaldi kana ta sîŋgee rûkka nene ili do lo wanaŋi gu, Faransiyinta hâbutu îniŋa koy saŋan injennden, lenju nîyembo dabaro laŋan ko madaldi Kajje tandi goni kâddi ilim ûnjura.

Sultan Tajaddin Baharaddinko turuŋa gim

Kana guwo nînibinarni gi du Sultan Tajaddin te, hâgudu Sultan Tajaddin ti tîyar ta ta kima Baharaddinko kuruŋ ŋgo tire, "Gara baba na taŋa darje kul! Âmin-kede ama mbîya. Ama Faransiyinta koro kîbin salam anndiye, hâgudu kûjo nda asunndiye" rînaŋu, abed de norim tayi-ken, tige gi noŋ salata rakaŋ mbara sallu tena, hâgudu ornoŋta taŋa bânu osoŋa, bûgulaŋ taŋa kul norim sîr tena.

Sîr kenu, Kîrindaŋ gani âdu ta gim munje wara-kunuŋ, kaa taŋawo ŋgo tire, "Âmin na gu dar mîni ta jam mîsanteye. Faransiyintawo joo kûriŋ mînjikalteyande" rînaŋu bûgulaŋwo kooy sîŋgee goṇ mo tarcana.

Yagu Agit Ṇindiko ti koy agit lo, ṇori ilim nusuruna mana ye, tûrana wîwo minanti. Ŋgo tîrnaŋa, "Faransiyinta ma war-kede, âskartawo ganii as meneṇeŋera. Som Chartayi Mahamat Bogo ta saba-rî gani âdu ta gim molo, hâgudu som Firche Fâkum ta Hassan Arko ta gi du, garbi-rî nûkasi ye. Âdu ta gani molo, mi du firchen muta taŋa wî du muta dollo ye, gani âdu ta molo Sultan Tajaddin âbbaŋaa taŋa mbo, som îni gi du muta-saba gani âdu ta molo ye" in tîrnaŋa.

Faransiyinta ukuṇura, yagu boro kiyesin nîyembo lenju karu, sîŋge tandi goṇi nda orgola ilim ûnjura.

Ûnjura kunuŋ, kâddi îni Fiŋgicho uri gi naddaraṇ îniṇa ganu anday ige ila mbo tîkala gu, kaa sîŋgee goṇ mo kûmagta-kûmagta mûkuran inden, sîkal gabu tena tîrkarna ŋgo tire, "Kaa wî ŋgo ru inko tîran mûkuran indayoṇ?" tirnen, nâyiri gi sultan ta du "Kaa wî diyafeṇ kanda wanaraye, kaa ila du kokor mbo marce mbo wanaraye, hâgudu kaa ila du hâbutuu iṇetiŋ kanda wanaraye" in tîrnaŋa gu, kâbtenta kûri mbo ûrana.

Hâgudu inko ru kûre inda gu, Sultan Baharaddin noŋ nâyiri gi ta noŋ tûrjumani ta noŋ ukuṇura. Yagun Baharaddin bere molo koy tûsurnden, Fiŋgicho tûrjumanu tîrkarna. Tîrkarna, tûrjumani ta du "Gi lo sultan te" tirnen, Faransiyinta nî kâddi gi du "Sultan Tajaddin ti kaŋgi kâddi lo mûgula lo, danndari tîr! in nene gi lo, kaŋgi farŋgi ye, igi kima sibina ye" in tîrnaŋa.

Ti du "Gi de lo ti ye" tîrnaŋa gu gabu tena. Yagu Fiŋgicho koro kîbin salam tenteyen tena gu, Sultan Baharaddin salam tento îya tîrnaŋa.

Faransiyinta nî kâddi gi kano nûye ta gu sultanko de nanjaŋ ṇiṇu nundunul, sultanko tuccumaŋa tiṇanden, bere molo lâmin ko foŋon tîbina, ko sam îliŋana. Fiŋgicho tafanju ludaŋ, Baharaddinko aŋgaro cumaŋ tenteŋa. Baharaddin du joko ludaŋ, Fiŋgichowo tidibana.

In ken Faransiyinta nî rusas tôliŋa ili bânu osoŋa tûka. Tajaddin kaa taŋa "Haddiye, n̠orim mayi!" tîrnaŋa. Dînjo-dînjo odoriŋa, dorinja îni gu n̠orii mbo kanaa nûyee mbo kooy mbo odoriŋa.

Nda tûkinden, Faransiyinta wâriŋteyen ena gu, bûrti îŋte kûyyenden, Masaraa Faransiyintawo kij! in malaŋ Faransiyintawo yawa de wândaŋina. Faranisyinta du "mutfan̠" mbo juma de wândaŋina, yagu Sultan Baharaddin kâddi îni gu nda tuyayek, îkalag acaŋo enenden, le wâriŋa. Tajaddin âskarta taŋa mbo rayo-rayo tige-de, lardi Abbache tam de waka.

Ilam kâddunjar îniŋ wayana wî i Fiŋgicho noŋ Babara noŋ, Bâylaka noŋ Bayasir noŋ ye, hâgudu âskarta Faransiyinta mana wayana wî du 280 yere. Hâgudu meren̠ ûn̠a-kede, hâgudu îbina-kede, yagu kâriŋ n̠ori molo tîŋ Abbache naka wî 8 de ye.

Ila i nûka gu ûrananniye, hâgudu Masaraa nî ja do lo du Mahamat Lafta ta baba tûrana, Masaraawo koy kâddur wayana, kâddunjar mana Abu Ishag Sultan Âbakar ta kima noŋ, Âmin Abdalla Kochoka noŋ, Âmin ta baba Chekadin noŋ, Arbab Banda Geren̠eŋ mana noŋ, firche Mînjiri nîg Mahamat Nâdim noŋ, Base Kodocha noŋ, Abdalla Farraj Chekayi noŋ Sinin taŋ kaa noŋ, hâgudu Ibrahim kima Âbbo ta Tamaŋgi gi noŋ, hâgudu Yahya Abudan Ereŋa mana noŋ, Ahmat Âbbo ta kima noŋ, tîyar ta Ismayil noŋ, i kooy Dâwud Bubuli taŋ kaa ye. Yagu Sultan Baharaddinko du aŋgaro enteŋa, âbbaŋaa taŋ onoroŋa.

Jaman ilim Gâdi Ibrahim Sunusi kanaa nûka ila katab tena,

sene ili aye Fâturen mo jo 23 sene 1323 Hijiri, jo 4 aye 1 sene 1910 ye. Iyaŋata Abbache na koy âju wâjiŋa:

> Ama igi Tajaddin te
> Sef mbe neŋeṉe ye
> Bere mbe amara ye
> Kar andarko ayawe-de, Mâhdi de tarti

Ṇori Dôroti tag (jo 9 aye 11 sene 1910)

Saba kanaŋ na kaa ila, Faransiyinta nîyembo nda undumaṉnden, ili ta jam Kônonel Mol ŋgo tire, "Kâddusar Abbache taŋa mbo, hâgudu Faransiyinta nîŋa mbo, kara amboro âskarta 300, hâgudu kanaa nûyee kâddusar âmbi-ken, maka Masaraa saba na ila meŋelil!" tirnen, wâkit mal-mal tigen, Dar Masaro tanjaŋanniye.

Hâgudu Tajaddin ti nîyembo nilila lo, Faransiyinta Kîrindaŋ îkala gi noŋ nindo wâl indendiyen kosiŋ, kosi nda ken tinda gu, andayta taŋa ila Kônonel Mol Dîrijel taro sîkal, Tajaddinko ininaŋa. Mol munje tare gu, Tajaddinta kurnaŋu gani madaldi Rate uri Jinene molo muta-garbi nûkasim ko, gani Tanimi urim ûnjura. Hâgudu âduṉ wî Dôroti gani Tajaddinta gim wara gu ganu fero de ôdila.

Dûd Mura Sultan Maba nî Faransiyinta uraŋgala ili du, Tajaddin nû hisko tinaŋa-kunuŋ, ti koy gani ta molo kurnaŋ Dar Masaram kar "Faransiyintawo anjuriti" ru kûrim tunduŋa.

Tajaddin ti âskarta taŋa mbo kurnaŋu, muta-garbi do lo Faransiyintawo tandalteyen teni gu, Dûd Mura du Dar Masaram lukuṉur "Gayit[11]" ta Jibiril Dolke wo Tajaddin tindam tenjebena.

---

11 Gayit ti âskarta nî kûjo ye.

Tenjebena ko Tajaddinko tândala, Tajaddin du Jibiril mbo gê kaa tuu nendejebenu "Kaka Dûd Murawo ndâli!" tirnen ko wândala. Nândala wî nî kûjo, mama ta Âli Chawarinta nene gi ye, nîyembo kallo ken tandalanniyere.

Yagune Tajaddin tîkala gu "Dûd Mura ṇori gim tayteyande" rînaŋu, gani kallam tunduŋa. Sultan ti ŋgo tire, "Dûd Mura gi marcaŋa mîni ye, ṇorim mandayndiye" rînaŋu, ti de âskarta kulu Dôroti taka, Faransiyinta mbo ilim tîran usuruna.

Ṇori îni gi nîyembo uṇṇa yere, ili ti jo 9 aye 11 sene 1910 yere. Ṇori îni gi âskarta kallo onosiŋa lo, hâgudu kanaa nûyee njuŋŋa nene mbo, hâgudu âskarta dar ta jam nusurii mbo tîlo yandere, yagu Masaraa i dar ta ja noŋ, gani ta ja noŋ, dîn ta ja noŋ, nusurii lo kûmagta-kûmagta kanaa nûyee kâdducar wîm nanjaŋ lacu-de, Faransiyinta nî kâddi Mol uri ilu luy, hâgudu dabitta mbara uya. Ila i Joli noŋ Berili noŋ ye, hâgudu Mol ti Abbache ta kâddi yere jaman ilim, hâgudu âskarta Faransiyinta mbo Mabaa mbo Siniŋgalinta mbo, inta kooy kâddur wayana-kodo wâriŋa, Masaraa rayo-de dar molo îndiŋanniyere.

Yagun Faransa ti kaawo dartam ŋelesiro kulusu kosiŋ, Dar Masaro koy tuu ila noŋ de ru tena gu, Dar Masara Faransawo kooy gîjig-gîjig tendena, Faransiyinta kanaa nûyee îniŋa mbo Masaraawo 4444 wayana. Ilim kûde, Masaraa ṇorii mbo sefta mbo nimaṇ mbo, hâgudu kanaa nûyee îniŋa gurii mbo kulu, ṇorim ṇari ciciri lacu-de, Faransiyintawo Dar Masara molo îndiŋa. Masaraa i kambaskandi îni mbo fariŋ ludun darko rogol ula.

Gani Dôroti ta gi molo Farwali nate ilim Masaraa nîyembo kâddur êdera, hâgudu kanaa nûyee Faransiyinta nîŋa wî Masaraawo nîyembo eteresina. Kûjoo wan joo wan koroo wan, kooy keteren warcana. Lêle ilu, kucice n̰û kaa nîŋa kîl, fîr geya koy elaye. Hâgudu kimin̰ dar kase taŋ sâwije êreŋa ye, babas îniŋa wayasina.

Kâddunjar Masaraa nîsana wî

Masaraa tuu Faransiyinta tuu nêreŋa wîwo rayo yawo iyen, Sultan Tajaddin du kaa kâddunjar Masaraa nîŋa nîsana ila mbo mbo akuyta taŋa mbo ndide, hâgudu kûri mbo kûre ŋgo tire, "Dâwud Bubulita Âmin Murta mbo ŋgur yoŋ?" ru kûri mbo kûre, kaa nîsana wîwo lek ke "Dâwud Bubulita îsana, ama rêŋ ŋgâru antiyoŋ?" ru kûri mbo kûre tayi gu, âskari Siniŋgalinta mana Faransiyinta mbo gê wara ili, kaa nîsana ila nî n̰urim fi sêy, kaŋgi taro sîkal kana nûye ta gu ciŋgan, Sultan Tajaddinko uyogu de cumaŋ tuya.

Hâgudu lêle ilim, Sultan Âbakar taŋ kimin̰ mâri îya. Ila mana i Umar noŋ Abdurawuf noŋ Azzen noŋ Îzeddin noŋ ye. Hâgudu kâddunjar mana du Âmin Dâwud Bubuli noŋ Base Âbakar noŋ Fâki Âli Hassan noŋ Âmin Bichara noŋ ye.

Hâgudu dan̰a Doŋgi ŋgo tire, "N̰ori Dôroti ta gi noŋ Kîrindaŋ ta gi noŋ, dan̰a nîkala ili ŋgo tire, 'Faransiyinta Dar Masaro san̰an ulndiye, mi intawo kâddur mayana. I du sultanko koy amba uya, yagu inta mbo minta mbo mûnurakirna.'" Hâgudu dan̰a Mahmud Jamba ti koy nîkala lo in tîrnan̰a, "Masaraa inko wayana gim iyaŋata âju wâjiŋare, âji ili:

Kuma Dôroti duluŋo têreŋa
Geren̰eŋ inda noŋ sâwije ye
Miskinta dee noŋ ôlin̰a
Mbeli Abtera tonoda
Masaraa kimin̰ saa laŋe
In tiran koy mônodte de ye, Dôroti mônodte de ye
Dâwud Bubuli kambaskandi mbo de mîsanti tire"

> *Sultan Masaraa nî itilaŋa gi:*
> *Mahamat Baharaddin "Ndoka" (1910-1951)*

Sultan Tajaddinko uya-kunuŋ

Sultan Tajaddinko uya-kunuŋ, Masaraa gani ṇori ta molo wârcana, Faransiyinta nêreŋa ila ilim de uŋuna, Sultan Baharaddin kinaŋ nâyirii taŋa mbo sossoko ṇuŋ "Faransiyinta nêreŋa ila maka mayana monodi!" tirnen tîran ware gu, Faransiyinta ṇelle lo sîkal Masaraam ṇelle lo kanaa nûyee mbo wasu loynu, dîru nasko nucun inje gi noŋ, Umar Sultan Âbakar ta kima gi noŋ, Abduzen Âbakar noŋ wayana. Masaraa kâriŋ râcan kûmacim oyona, Faransiyinta du nêreŋa ila ganii mbara kiṇiṇir, tuu rî bûrti Gireda Dar Tame ta gu kîbin Abbache waka.

Yagu tuu bûrti Kuma Dûŋgi ta ilu kîbin, garbu nena ila Masaraa narku kooy idibana. Ârinje kimiṇ mana "Mana" ira wî i dar Masaram ninda lollo, ṇori Masaraa mbo Faransiyinta mbo usuruna, Kîrindaŋ ta ilim Faransiyinta mbo rîmil, Masaraawo olola ela. Hâgudu mbarlaŋo koy, ṇori Dôroti ta ilim koy mbarlaŋo olola, yagu eno koy enende, gi ta jam Sultan Baharaddin gani îni Kûdo Chawa ira ilim ko toron bûrtu tînibina.

Lâsira Faransiyinta nî

Raya nusurii Faransiyinta nîŋa ganii mbaram koy Kîrindaŋ mbo Dôroti mbo urayina gim, Faransawo nîyembo nda tundumaṇirnden, hâkkoy kaŋgi Agit Larijo uri iliwo Mol ta ganim unduŋa. Dîra Barlaman Faransa tam nîdirana wî kooy oŋoṇina. Dîra îni gim sene tîlem de, nusurii mbo kanaa nûyee mbo Abbache ninda wîm rok nda enin, hâkkoy Dar Masaro lândir unjurunto ena.

Faransiyinta hâkkoy nusurii îniŋa toron, Dar Masaram jo 2 aye 1 sene 1911 ilim karu ena, Masaraa mbo ŋorii ganii as usuruna. Gîlaŋgu Todorona Agit Nindilili mbo usuruna, hâgudu Kuma Dûŋgi ta bargim usuruna, hâgudu Kuma Kele usurunarniye.

Yagu kaa Masaraa hilleṉ le, malta kul, kooy kûmacim dole oyona, Faransiyinta du darko rî lo muta-saba lo garbi gar-gar tîŋ lândir Dîrijelko kûmman, hâgudu madari mbo kûdoo mbo gani malta saa wandaŋe ila gammu kesin, dee 2000 noŋ ula. Yagu Ereŋa mbo Jabalta mbo i "Faransiyintawo mûrciti" ru ko, inta mbo urgula, yagu Masara tîlo koy ko Faransiyinta mbo nîrmila kûyye, in ken Agit Milarid murabba tam katab ken tîrnaŋa, "Masaraa i kaa nûrekiri ye, juri îni gi du gani ta yek usurigiye, dar îni ta jam."

In ru nasari kûran murabba tam tunduŋa, in ken Dar Masaro saŋan eŋelilndayen, taŋ îmana njuŋŋa kallo kûyyendaye.

Âli Dinar taŋ gûrdariya

Âli Dinar Dûd Mura mbo Sultan Baharaddin mbo "Fachir kare-ken mûcaŋa maka Faransiyintawo munjurin" tîrnaŋa, wateyek ena gu, Masaraa Furta mbo alle wâyirna gu ndâyŋar, firchen mbo dalaje mbo agitta mbo ornoŋta mbo sultan taŋ nene Gereṉeŋ mbo kooy kûrdarnu tîran ŋgo ire, "Baharaddin 'Fachir aye' ru madaldi Barewo tilinan, mi sultanko Dar Masaro nîbinto tu mundunti. Âli Dinar mbo Faransiyinta mbo iṉiŋiro enende" irnen.

In ken Baharaddin tîkala nda tûkinden têreŋa. Juri Masaraa nî gi tibiya, yagu Mabaa lardi dol na wî nda tibinda. Dûd Mura kaa taŋa lardi saba dol na wî mbo tîran kûran njuŋŋa tûka.

Mayagine Dar Mabam Dûd Mura taŋ kaa

Aye 6 sene 1911 ilim, mayagine saba Dar Maba mana iliwo mayagine Kâdawi uriye. Hâgudu Faransiyinta koy in urinniye. Juri îni gi Dar Tame lo tândaŋinanniye, hâgudu juri îni gi ta ja gi, kaa Musliminta yanda mbo, hâgudu mîri sultan ŋundi ili tîndiŋara gi nîyembo uṉṉa yen, îwi nî jam de usurunanniye. Juri iliwo bûgulaṉ dar taŋa kooy urnaŋanniyere, Dûd Mura ti kûyyendirniye, yagu tînjariye.

Dûd Murata Dar Masaram wayi gim, kaa nâyirii taŋa wî mbo nîyembo lil waya. Waya gim, i Faransiyintawo unjurinndiye, yagun kaa Faransiyinta mbo nâyirii ilawo nîyembo toron wanarcananniye.

Yagune bûgulaṉ nusurii ila juru ela-kunuŋ, aye 8 sene 1911 ilim juri Dar Maba tag tibiya. Sene ili aye 10, 1911 Ndoka mbo Dûd Mura mbo bûto wabasiŋa juru ela.

In ken Dûd Mura ti Abbache tâlana, tiro mbo gê Âli Chawarinta nene uri gi mbo Faransiyinta mbo tîran usuruna, kaa ûtukta wayana. Yagun Âsil Dûd Mura mbo gani tîlem indeto toṉoṉinnden, Dûd Mura le Fartalame[12] taka.

Gûcaa Baharaddin taŋa (sene 1911-1912)

Aye ili mo de, Ndoka njeba Faransiyintawo katab nda ken ŋgo tire: "Babaṉ mbeŋa ṉori gim kâddur îsana, ama hâgu kinta mbo juru anndende, kallikandi mbo de mindeto annde" in tîrnaŋa.

In tîrnaŋa, hâgudu Âsilko kano nda kenu:
"Ama Sultan Ndoka Sultan Âbakar ta kima, Fâki Ismayil Âbdulnabi ta kima ye. Kâddi mîni Sultan Adam Âsil Mahmud

---

12 Fartalame ("*Fort Lamy*") hassa Anjamena ("*N'Djamena*") ye.

Chârif Abbasi gu katab nda ana. Amboro Mula kûti baban̠ mben̄a nî, ûwan̠ mben̄a nî gim andundun̄a, baba mbe ta tîyar Tajaddin tîya-kodo. Kan̄gi kamba yakunun̄ daraje tulan, bûrti nda nânjan̄a gi mbo tâyiri, hâgudu Sultan Tajaddin ti tiro nda nânjan̄a gi mbo tâyirna.

    Yagu ama jera mbe gim, hâbutu Mula tan̄am bîyekandu anende, hâgudu kintam koy bîyekandu anende. Ûwan̠ mben̄a kallikandi mbo baban̠ nan̄a mbo wâyirinniyere, hâgudu baba mbe koy lîyarce nan̄a mbo kallikandi mbo de tâyiriye, ili ta jam mi gi molo ûyom kinta mbo kallikandi mbo de, Mula tan̄ gudura mbo minden, hâgudu Mula afud amben, âdun̠ mînin̄a Faransiyinta molo hassa mesere-ken, dar mînu n̠ori tarmina. Hâgudu hâbutuu mînin̄a koy kooy wasi tin̠ana, kaa mînin̄a hassa nîyembo away ru, kotin̠ înin̄a kulu madari kanam de êren̄a. Ma lo baba mbe le, baba mbe ta ganim. N̠ori ta wâkit tônoda. Mi hâgu man̠ riyo milindiye, hâgudu Faransiyinta koy bîyo menndiye"
in tîrnan̄a.

    Hâkkoy Ndoka Faransiyintawo katab nda kenu n̄go tire:
"Mi hâbutu ne hâkkuma Faransa ta gu munjurinto menende, Tajaddin ti wâkit ta gim Furta mbo tusurisina, yagu âmin-âmin non̄ yande, kaa saba kanan̠ lo Furta yon̄ kaa tuu yon̄ waren koy ama celcelo de kimbindili-ken kar ambarkiceti"
in tîrnan̄a.

    Faransiyinta sîkalu n̄go ire, "Masaraa i alle guru koy Dar Furko nûrci yere, hâgudu hâkkuma Îŋgiliz tag taran, i koroo înin̄am nûti ye. Yagu mi Dar Masara mbo Dar Gimir mbo farin̄ kâddur muduna, mi gîlan̄ darta wîm maya minde-de, gikawa mînig kaa neŋelesireg tara ŋgâri yoŋ amba tîkalni" in îrnaŋa.

In ru ena, yagu gani tu madaldi Asuŋa molo garbi Kajje molo rî nûkasi gu Dar Masara molo sule elaye.

Ili molo gô nare guwo, Sultan Baharaddin Faransiyintawo saŋanta "Lala" tîrnaŋnden, gani ili Faransiyinta nîŋa koroom tindaye, hâgudu kanaa nûyee 80 juri Kîrindaŋ ta gim ulanniŋa ilawo koy lan tûṉa.

Ili molo Sultan Baharaddin Sultan Âli Dinarko konji agara ta nda tûka, ti njeba katab ken nda tenjebena. Âli Dinar sene 1912 ilim njeba katab nda ken ŋgo tire:

"Ama salam mbîrnaŋa, mi njebaa naŋa wî gâr ken mîkala, yagu mi kanaa nûyee wîwo lan Faransiyintawo ṉâ gu nîyembo nda mândasirna. Hâgudu maŋ kaa Islamko nenenda wî darko nda ûrse-ken, kallikandi mbo jêyti noŋ ndiroŋ?"

in tîrnaŋa.

Kana Faransiyinta irnen Dar Masaro nûtaŋ ûṉa gi

Âli Dinar Ndoka Faransiyinta mbo rugul kanaa nûyee juri Kîrindaŋ ta gim ula ila, nda talana gu nîyembo nda toŋoninnden, njeba nda tena.

Ndoka Âli ta njeba tare-kunuŋ de, ti koy jo 27 aye 1 sene 1912 ilim Faransiyintawo nda katab ken ŋgo tire:

"Ama Sultan Mahamat Baharaddin Âbakar Ismayil, kâddi kônonel kâdducar nî kâddig, ama njeba kîni gu sîkal tene wî kooy awosiŋa. Ki amboro madaldi Asuŋa molo garbi gu nîyembo lômko mba kena, yagu ama gani ilu kîmbiya noŋ de andaye, hâbutu kalla yoŋ bîye yoŋ kooy koroo kîniŋa mo ye.

Hâgudu ama kana kînu alendiye. Kinta molo annde gi afu

ambeni, kûrim âmbibani, kallo de mâyirin, kana wende mbe gi taŋa kinan! Hâgudu kana mbe tîle ama âwurana gi de ye" in tîrnaŋa.

Faransiyinta kûran ŋgo ire, "Hâbii mîniŋa Dar Masaram mindiyana wî kaa jîsaa 12, kaa Siniŋgal taŋa 218, kanaa nûyee 238, beri 290[13], dîrije 70, ṇiṇ kanaa nûyee nîŋa 20,000 mindiyana, âmbiti" irnen. In ken Ndoka du dîye nî ganim, madaldi Asuŋa molo garbi, Kajje molo rî nûka gu nûtaŋ tûṇanniye.

Dîye wî, Faransiyintawo ṇori Kîrindaŋ ta gi mbo Dôroti ta gi mbo wayananniŋa, wî nîŋa ye.

Ndoka kana tena gi du ṇoru nucica ye. Hâgudu Âli Dinar Faransiyinta mbo sossoko ṇuṇ, Dar Masaro bîyo ento îya ru tenanniyere. Hâgudu kaa Masaraa koy nîyembo kâddur îsana. Kanaa nûyee mbo malta mbo kâddur indiyana.

Mayagine Dar Masaram kûde na wî

Mayagine fâkije darawichta nî

Sultan Baharaddin Faransiyinta mbo kûcaŋu, hâgudu seno naro koy darko jubbu ken Faransiyinta tûnjito ûcaŋa. Sene ili du sereme tûka, sene ili 1913 yere.

Yagune fâkije mbo hâgudu kaa "Nâbiṇ me" nira wî mbo hâgudu tu "Ama Nâbi Îsa ye" nira gi mbo tîranu, juru Musliminta yanda mbo, hâgudu Musliminta inta mbo nâyirii wî mbo, unjurito ûrananniye.

Murabba Mâhdi ta gim katab ena raku, dîniya tunudi mbo tîŋaru Dîjjelko tuyteye, Dîjjel ti du Mâhdiwo nuraŋgala ili ye. In ken Dîjjel ira gi du, hâkkuma darta neŋelesiresina gi ye, hâgudu

---
13 Kitab tum beri 92 de tire.

mayagine Jîmeza Tunuŋ uri gi sene 1888 molo ninda ye, hâgudu Darawichta ira wî dar Masaram nindendirniŋa ye, yagu i Dar Tame mbo Dar Maba mbo Dar Fur mbo ilam ninderniŋa yere.

Hâgudu sene 1905 ilim Masara tu "Ama Nâbi Îsa ye" ru dar Masaram saba do tîŋarayye, tiro Fâki Âbbo urinniyere.

Hâgudu sininta waraŋ na wîm wâci nîyembo kâddi tûkaye, yagune juri Darawichta nî mbo Âmbiya nî mbo, hâgudu Duwan̪ nî gi mbo n̪ori wasi de tûkasi.

Aye 6 sene 1913 ilim, Masaraa kâddi îni fâki tu mbo kurnaŋu Tumtume koku, dûkum Faransiyinta nû odoroŋteyeka ûrana. Odoroŋte gi ta ja gi du, Faransiyinta Kuma Turane dole hâbutu cukaŋgu in îninjiriyte mbo, enjibirite mbo, indila. I du osenden, hâbi ililo tela, sa têrinden, dar mo wâci tûkaye ru ko unjurunto îkalanniyere.

Hâgudu sene ili me de, aye 11 ilim fâkije kaŋ sarsar[14] noŋ kurnaŋu, Abbache ko dûkum Faransiyinta nû odoroŋa. Nodoroŋ naka wî wo kooy de wayana.

Hâgudu aye 11 lo 12 ilim Faransiyinta ŋgo ire, "Kaa mbara 'Mi nâbin̪ me' dar Masaram nira ila mana mayagino fâkije nî juru uru ena" in îrnaŋa.

Fâkije darawichta ŋgo kesin kaawo nunduraŋ naŋ unjurunniye?

Mayagine i kâddur yere, yagu darawichta kurnaŋu kumam yon, hâgudu hillen̪ gero-gero na ilam lay, kaawo âduwan̪ ndiru ŋgo ire, "Mada haram ta ye kaŋan! Hâgudu kaŋgi Muslim tando du yawa kitab kallaye tire. Hâgudu jurim kano nûye ta kima ili mintam tare-ken, saa de tûti, hâgudu bûta âdile korom mene gi du sef de tûti" in ru kaa toron, ano nda lamo, bûrti îni gu nîbu nîŋge

---

14 Sarsar ti chartayi yoŋ firche yoŋ ye Furtam

sultantawo ûnjurinniye.

Fâkije mbo wasko nige mbo 1000 noŋ tîran, kâddi înu fâku tu nduŋ Mulo rûjiya ndâŋin, gîlaŋ Jalala noŋ Istafur noŋ Salata Nâbi noŋ Bisimi noŋ, kaŋgi yakunuŋ âlifko âlifko rînaŋ, hâgudu fâkije kitab Guranko kiṉirnu lâwijem katab ken lukan, kaa jurim nati noŋ ninda ila kooy wandaŋenniye. Ndaŋa îni gi, kanaa nûyee mbo ucumaŋan, i indam saa tûkaste ru enarniye. Hâgudu siyamko koy joo kaŋ îbinarniye, ili du lêle talata molo kamis mo yere.

Mayagine gu sîkal nûranarni gi Dafalla Ajab te, ti du wâkit ilim hâkkuma mbo nâyirini yere. Hâgudu Ismayil koy tajir lo Fachir lo kar sûg tam kiye-de, mayagine ilawo raku nîkalanni lo tûrnarniyere.

Mayagine Fâki Dûdduk tag

Masaraa i wâkit ilim mayagine kâddur ûmerre, yagu mayagine Fâki Dûdduk Turmunuŋ na gi ta gi madaldi Kajje yere. Hâgudu mayagine Fâki Ishag ta gi du Jâbun yere. Hâgudu mayagine fâkije kâddur na ila dar Masaram muta do lo gani Ŋgobe ira gi me yere.

Yagu Fâki Dûdduk tiro mayagine yoŋ kaa kooy osendire, yagu sultan mbo hâkkuma mbo de osinniye. Yagu nîyembo de sultanko nda tundumaṉnden inda gu, kaa du tiro kâddur ûrcuŋa "Sultanko anjurunteye" ru tinda gu, Fâki Ismayil ta kima Charfaddin tinaŋa-kunuŋ, âskarta kul kar Fâki Dûddukko kaa taŋa mbo yan, malta îniŋa kul naŋ, Gereṉeŋwo teneṉeŋa. Sene ili 1911 lo 1912 ye.

Mayagine fâkije garbi na nî

Fâki Dûdduk ta mayagine gi tônoda-kunuŋ kâddur koy uŋun-kede, mayagineṉ tuu îŋaranniye. Ganii ila i Mestere noŋ

Koṉose noŋ Kunjaŋ noŋ, Kuma Jâbuk noŋ Bîr Tebit noŋ, hâgudu Ceraw noŋ yere. Kâdducar îniŋa wî fâkije yere.

Mayagine gîlaŋ na gi, Fâki Ishag Daldum Âbbun na gi ta yere, tiro mbo sultan taŋa âskarta mbo nîyembo walfinjarisina, yagu tiro mbo fariŋ udun-kede, fâki ti sultanko nda tûsura, sultan du samu ken telaye.

Mayagine mbarlaŋa gi du, Fâki Abdarahman Kunjara mana gi ta yere.

Mayagine kaŋgalaŋa gi du, Fâki Yakub Bûku-bûku, Abbache dûkum Faransiyinta nî gim koku ŋgo tire, "Abdarahman 'Fâki Ismayil Abdulnabi ûwa Ndoka ta gi Kuzami ye, Masara yande' tire, hâgudu Abdarahman ti gi, 'Ama Masara ye, dar Masaram ama tiro molo fayit nene ye' in tîrnaŋa" ru tûrana, yagu Faransiyinta kana ta gu njuŋŋo nda îbinnde îkala gu, Ndoka ti Faransiyinta wayana wî nî ganim darko nûtaŋ tûṉayeka ûrandire.

Hâbi tela mayagine urnaŋarni gi

Sultan Ndoka ti baba ta ta tîyar Tajaddin taŋa ujim kitabko kulu tena, baba ta aduwaṉ Faransiyintawo kûjo nda tusundito tindilaye, yagu ila nîŋan, Faransiyintawo kûjo nda sun, hâgudu Masaraawo koy kûjoo tunjuna.

Hâgudu sene sereme mbo wâci mbo dar mo tûkani-ilim, dar Bîr Tebit mbo dar Koṉose mbo asee nîyembo kâddur enen, Sultan Ndoka koku, taṉim asee rikiṉ mbara, mbara 200 kîlo nûkasi ye jubbu ken toron kul, dûkum Faransiyinta nîm Tumtume mbo Abbache mbo naŋ tûṉa.

In ken kaa dar taŋa du nîyembo kana gu oṉoṉinnden, nîyembo ûresina. Sene 1913 ilim, aseewo kul naŋ Faransiyintawo tûṉanniyere, hâgudu dar taŋ kaa wâci inko tayaweg koy tiro tendekerende. Hâgudu Ndoka fâkije koy jubbu geya tândaŋinaye. Fâkije jubbu nindigeya sultanta alle na wî dar mo enendiyye.

Mayagine Fâki Ishag Daldum tag

Hâgudu Ishag Daldum Âbbun na gi ta gi, dala Abdalbanat mâlik sutu Maŋgire-Mestere na nîg tûrana gu minaŋti. Ti jaman ilim nîkala lo tûrana ŋgo tire, "Sultan Baharaddin ti Faransiyinta mbo ma tûcaŋnda-ilim, sininta tur tuŋuno koy dar mo kaŋgi malta nene gim kar, malta taŋa ilawo kômaṉ tur ken, turlaŋa ilu kul, as na ilawo neno nda tilisiniye. Hâgudu seno tuŋuno koy ṉamii dee nîŋa mbo, ṉamii tîniṉ nîŋa mbo, kaa toron sultan taŋa dokorosi mbo gîrfeṉ mbo nda wandamisinniye."

Jaman ilim, fâkijewo jubbu geya afu tenanniye, yagune Ndoka Faransiyinta mbo tûcaŋa-kunuŋ, fâkijewo koy kaa tuu wî mbo de sawu ken jubbu geya tândaŋina. Fâkije du kana ta gu oṉoṉinden, fâkije ŋgo ire, "Ndokawo baba ta ta tîyar Tajaddin Faransiyinta nda jûran tîrnaŋa-kodo, Faransiyintawo nda sûru, mintawo koy âmbunjura. Ba ili yan, mi tiro munjurinti" îrnaŋa.

Fâkije tuu du îya rînaŋ ŋgo ire, "Sultan igi darje tula-kunuŋ, kâddur ŋunu nîyembo njuŋŋa tûka. Mi saŋ masaŋanndiye" îrnaŋa, yagune fâkije tuu "Kûjo njuŋŋa kû melendiye" ru mayagino wândaŋina.

Nândaŋina ila mana tu Fâki Ishag Daldum Dîsaŋgi gi ye, "Sultanko anjuriti" ru âskarta taŋa Âbbun todorona. Todorona-kunuŋ, sultan kinaŋ Âmin Ahmat noŋ Bâdawi noŋ "Kaka narcani!" ru tenjebena.

Wayi gim, kaŋgi tu Fâki Ishag ta gani gu nosgi sêy tanaŋa, i gani inda gi tûrim kûde, sîŋgee rûkki mo yeka, Bâdawita ko kanaa nûyee mbo juma wândaŋina, yagun ṉiṉ îniŋa dole de walfinje, gani fâki ta inda gi ŋgûrumi yeka. Bûgulaṉ fâki taŋa wî du ṉorii mbo ucumen, kâddu de indena.

Kaa nara wîwo sâwuye nîyembo tiyen, sam saa waŋanni waka. Waka noŋ, ndâynjara tu wândayŋara. Sa ta gani ilim dâṉari Dîsaŋ mana raku ŋgo ire, "Ki Dîsaŋ ke, Fâki Ishag ti du Dîsaŋgi ye. Kaka ndili, juru tela tara minta mbo turgulte. Ba îya tira-ken, mi karu, hilleṉ kîniŋa kooy kûmman, hâgudu sa gim kar dûkumko ken malta kîniŋa kooy kanda multi" in îrnaŋa.

In rînaŋ dâṉari mbara na ilawo wâyina ko Fâki Daldumko indila, tîkala gu kana gi bîye yen, kar Bâdawitawo tarka kul sultan mo wanaŋa.

Wanaŋa gim, sultan gi du ŋgo tire, "Maŋ ŋgâru ninnde amboro andunjurigiyoŋ?" in tîrnaŋa. In tîrnaŋa gu, Fâki Daldum du ŋgo tire, "Sultanta alle na wî mintam maŋ ge gi noŋ nindo igendirre, yagu nûkag talfina" in tîrnaŋa, sultan du tiro "Hâgu gi ta kawo genan!" rînaŋ afu ken tela.

Hâgudu daṉa Abdalbanat ŋgo tire, "Fâki Ishagko ko nar sultan taŋ ujim nunduṉuŋ, sultan tîrkarna gu, awaykandi mbo de bûgulaṉ taŋa wî sultan taŋ âskartawo urano tûrana, sultan ŋem ken tecena."

Hâgudu Bâdawita Âmin Ahmat mbo ŋgo ire, "Fâki Ishag Daldum ti sene 1905 ilim, Furta Mogorne lo enjebena 'Darko multeye' ru wayi gim, ti lo kûjo lo kurnaŋ, Furtawo raŋgasiŋ narcan, rayesin kâddi îni guwo koy nda luy raŋgal telanniyere" in îrnaŋa.

Wâci Bâdawi ta (sene 1913)

Mayagine fâkije nî mbo wâci Bâdawi ta mbo Dala Abdalbanat ti wâkit ilim sêy nîkala lo tûrana. "Âjumaŋ mbo Miṉiki mbo, hâgudu caki muta-garbi Dar Masara taŋ wî mbo tîran kûcaŋ, sultanko kûti ta molo njûr, hâgudu hukumko Gereṉeŋ molo indisto ûrana" ru tûrana.

Beri âbbaŋaa nîŋa âsuri kâniŋ indiṉana gi

Yagun ma urnaŋ-kede, Bâdawi taŋ kimiṉ mbo majirii taŋ mbo kar hille Ligedu ira gim uṉuna. Gêra îni gu, beri Bâdawi taŋa asee kaa away nira nîŋa indiṉeteyen, kul wara. Hâgudu korondiŋgu naro koy âbbaŋaa kimiṉ îniŋawo "Beri kanaŋa asee kâniŋawo kindiṉe-ken umurar" ru uṉ-ken, kul êriyeka, kimiṉ du âsurti warkam koy lay, asee kûjoo kallaa ila de keteren ndîŋar, beri ûnjin, âsur nîŋ nenee du oṉoṉinden kâṉiku gultaje igerniye.

Yagune hâkkoy Dala Abdalbanat tûrana, subbo eleleŋ de Masaraa âsur nîŋ nenee tîŋar, daraŋ kimiṉ beri nîŋ nenee ilawo majiri îniŋa mbo kooy toroŋ, Musa Acaŋgarewo luy, hâgudu inta mana koy tur luy ena, nêreŋa wândariŋa mana kaŋgi Ndirika uri gi de rêŋ, libas mbo de ṉarisin ko sultanko tindila.

Ndirika ŋgo tire, "Lêle ilu ama hille Korŋguṉok Dabbe anderniye, hâgudu ama dala gani ili ta amboro mbo gê, wândariŋa Dono mbo gê mîru jubbu ke modorerniye, yagu wâkit ilim, kaa tuu koy Bâdawi taŋa hille Merem tam înderniye, inta mano tu Kîte urinniye, ilawo koy fâkije koku odoroŋto îkala, yagu kaa tuu lala îrnaŋa, 'Mayana wî majirii ye, îni jam kaŋgi kurnaŋ nûrante kûyye, yagu Kîte ti Maŋgire ye, tiro muyan Maŋgire Kamaraŋ lo, hâgudu Mestereŋ Mestere lo waran, masaŋanndiye. Yawiriya de kinnde-ken, maka sultanko munjuriye' rînaŋ ela. Ila wayande" Ndirika in tîrnaŋa.

Sultan Bâdawiwo tindila gi

Yagunuŋ kana Fâki Ishag Jâbun nag tena gi mbo nûṉo

enteyen, idaa Ŋgobe taŋ, tûri cukani ilam tîran, in de rînaŋ sultanko tindila. Sultan du Bâdawi noŋ Âmin Ahmat noŋ Chuluk noŋ todorona, hâgudu kaŋgi tu fâkije ena gu nîkala gi nda tukkurna, sultan du Bâdawitawo ŋgo tire, "Kaa ila mâtamusta ye, beri mbo munjuruna ru kenan, kambayanti" rînaŋ bûrtu tu tindila.

Bûrti sultan tindila ili gi ye, "Ba kayi-ken, kaa kana nûye nene jom niye ilawo dûmmo ṉelle kela-kodo, beri nîŋ nene ûyom kândariŋin iye-ken, kayi gu kanarkan, kanaa nûyee mbo kucumaŋa kela, dûmmo dûruj kena kâriŋi. In kena, ilim i idaa îniŋa ŋgûrumi ila molo tîŋar, kûmburcuŋi-ken kanara kaa kîniŋa rôciŋ kela, ilam loyni" sultan in tîrnaŋa.

Hâgudu Bâdawi nâyiri gi ta Gordole noŋ Ishag Diŋgila noŋ i Kariyaŋ mana ye, hâgudu Mînjiri mana noŋ nundurnaŋ ŋgo tire, "Kaka fâkijewo sultan malta kooy toron, Dîrijelko fero de le, malta kul Tumtume Faransiyinta tûṉni tanaŋa kirnen ndili!" in tîrnaŋa.

Bâdawi mbo Âmin mbo Kûdumule waka, bûrti Abusogo ta gi mbo Tundusa ta gi mbo jom niye ilawo Kûdumule le, beri nîŋa du waka. Ko wanarka-kunuŋ, kanaa nûyee mbo cumaŋ le wâriŋa, mayagine du ida molo yor rûcu wayi gu, Boyok "Kâmin" joŋgoṉ kanaa nûyee nene ila nî gim waya, nîyembo wayana.

Ilim kanaa nûyee nîyembo kâddur ûka molo, urunji ganu kooy dûŋgu tûsare. Hâgudu lêle mbarlaŋa gim koy, Bâdawita mayagineṉwo rûcu, Ŋgobe wâlana kaŋgu koy warkinden, Bâdawi Ceraw ko dûkumko tena.

Tîna mayagine nîg

Ili molo mayaginewo teŋelila, hâgudu kaa tuu gemaa kar malta kâniŋa gulusa wândaŋina, yagun wâci Dar Tame lo Dar Maba lo Dar Bere mbo, kooy de wâci tûkare. In ken Masaraa ganu tu wato warkinden, Dar Berem waka, Dar Masara fero têreŋanniyere.

Ili molo Masaraa tuu âmin-âmin koy wâlandirnde, nîsana du îsana, nîjiri du ây de êreŋa. Sene ilim, wâci nîyembo kâddi tûka, in ken "wâci Bâdawi ta" uruŋarniye.

Fâki tu Koboska na ŋgo tire, "Fâkije amboro koy kar sossoko ambunduŋuŋ 'Maŋ koy minta mbo nîmili-ken, Fâki Yakub sultan ba tûkan, maŋ wâzir ta gûteye' îrnaŋa, yagu ama kanaa îniŋawo aŋoŋinden, le waka" in tîrnaŋa.

Mayagine i koy îsana, Bâdawi du gani juri ta molo sultan mo kar, sultanko nda tukkurna, Sultan Baharaddin ajab rînaŋ "Maŋ dar no rogola" tîrnaŋa. Hâgudu Kônonel Jolen[15] jo 25 lo 28 aye 12 sene 1913 ilim Dîrijelko tîkal tara, hâgudu Bâdawi du mayagino nunjurisin dikiro ketel nara lo, Kônonelko nda lukkurnu ŋgo tire, "Ama mayaginewo kooy dikiro ketel ara. Hâgudan ninda kûyyende, mayagine ŋundi tu tîŋartiyan awosendo" in tîrnaŋa.

Hâgudu "Ganii Âriŋaŋ nîŋa mbo Koŋosoŋ nîŋa mbo nîyembo mibilana" tîrnaŋa, hâgudu Bâdawi ŋori Kûdumule ta gu surun ela-kodo, dûkumko Ceraw hilleŋ ganii ilam munje ninda ila kooy kûmmanu, "Gani gu ama aworgola" ru tûrana, yagu Masaraa kâddur îsana wâci ta ja do, hâgudu sultan Bâdawiwo "Ka!" ru turuŋa, yagu dar mo kaa gemaa kâddur kar waya ru, daŋa Tollo tûrana.

Bâdawi kûti tîyar ta tam tuŋuŋto tindana

Bâdawita surisin "Darko morgola" ru ena-kodo, dar mo ŋamŋamire tîŋar dar mo cakatko wândaŋina. Kaa ganu kurako

---

15 Mirsildi gi kanaa îniŋa mbo "*Julien*" katab tiriri.

berjeŋ waya-kunuŋ de uŋunjeye ru, daṉa tu tûrana. Hâgudu Sultan Baharaddin "Ndoka" dar molo malta jubbu kesin Faransiyinta tûṉni Tumtume taka-kunuŋ, tâlandir-kede ayeje as tuŋuna. Tîyar ta Bâdawi du kûru kûti tîyar ta ta gim "Aṉuŋti" ru, kaa sultan kûtu nûrsan le taka ilawo nunjuriya tândaŋina.

I du oŋoṉnden, kâbikarnu inda gu, sultan Jinene taro kinaŋ Âmin Barra kaŋgu nda njebenu ŋgo tire, "Lîyar na Bâdawi kûti na gim 'Aṉuŋti' tirnen, kâbikarnu minde. Maŋ gim garan! Hille Leriya taŋi da na ta ilim njûr!" tîrnaŋa.

Ti du ko Leriya tûnjura, kaa taŋa du sultan Leriya kar tûnjuro Bâdawita înaŋto îya ru, kaa taŋa hillo kij! in wamalaŋa.

Lêle ilu, hille molo kaŋgi koy tîŋ-kede usa, ṉeremko sultan kaa taŋa mbo malaŋ ko, Dîrijel taŋi tam ko tûnjura guwo, kaa kooy inaŋteyeka, kano nûyo wabasiŋa. In ken Bâdawi tîyar gi taro kosiŋ, tîyar gim ko salam ken ŋgo tire, "Faransiyintam gaka-kunuŋ kâddur de ŋuna, Faransiyinta mbuya yoŋ mbîbina yoŋ awosenden 'Darko asabo alendiye' ru, kûtim aṉuŋteye ru agen, kaa nûrsana wî du oŋoṉninden, mige-de garaye" in tîrnaŋa. Sultan tîyar to kûrim tîbinig koy kûru nda fasiŋ tela.

Yagu Bâdawi noŋ Âmin Ahmat noŋ kûriṉ mo kîbirnu, joo as uŋuna, kaa kâdducar sossoko nunduṉuŋu, aduwaṉ nderisin ena samu îrarna. Hâgudu Masaraa i mayagine kûde na de nîyembo kâddur esinare, yagu jire îniŋa saba na wî wan, rî na wî wan, nîyembo unjurisinare.

Sultan Âli Dinar hukum ta gim nîyembo kadam tena, yagu waraŋko tâdara. Sultan Baharaddin ti koy waldamaṉ taŋa Fur gi noŋ Maba gi noŋ ken ônoda gi noŋ ken tônod tenarre.

Gûcaa Baharaddin taŋa Faransa mbo landir jera

Sultan Mahamat Baharaddin Ndoka taŋ saltana sene 1910 lo 1951 yere. Sultan Mahamat Baharaddin ti saltana wî baba ta ta tîyar Tajaddin molo tulaye, ṉori Faransiyinta mbo gîlaŋ îdirana Kîrindaŋ na ilim. Jo 4 aye 1 sene 1910 ilim, Tajaddin "Gara baba na taŋa darje kul!" rînaŋ tûṉanniyere.

Ili molo ûyom mana gu, dar Sudan kooy cakat tûka, sutuṉ tuu wî koy gani kûjo wandayto inndanarniye. "Adiriŋge furni" garbi na wî, dar kaa dûni nî gim lay, târii kallo sâkiri ninda ila wîwo kooy keferen wandaṉana.

"Adiriŋge furni" garbi lo oyora ira wî i ka jîsa garbi lo karu, darta ka dûni nîŋa wîm layu, hâbutu îniŋa kâddusar kanaa nûyee ila mbo cumesin ka wo yan neŋelesire nîŋa wî yere.

Juri Bata ta inko nînaŋarni ilim, kaa nusurii nîŋa kâddunjar nîsena ila tuu, Ârinje Mahamit ta nî kâddi Agit Rachit mbo, Agit Dababa mbo, nusurii Mabaa nî kâddi mbo, lêle ilim wayana. Ili molo nusurii Faransa taŋa wîwo bûrti nda tûtturarna, Nagib Fiŋgicho Abbache asima Mabaa nî gim layu, berig Faransa ta gu tamina, lêle ili jo 2 aye 2 sene 1909 yere.

Ili molo Sultan Mahamat Dûd Mura rî kanaŋ kâriŋ, kûmaci Kabaka tam taya. Kûmaci Kabaka taŋa ila nîyembo mûriṉ yaka, ili molo tînjaru Faransiyintawo tunjuriteyen ko tayaye. Ilim Faransa Biritaniyawo teselaye ŋelesiram. Ili molo Faransiyinta nî kâddi mokokori taŋ njuŋŋa sû, "Ama koy mamlaka Maba nî gi mbo ye" ru Abbache lo tîŋar Sa Cukaŋgi ("Bîr Tawil") ko aṉek njuŋŋa kûkodo, Dar Masaram ko Tumtume dûkumko tena. Yagun Masaraa Faransiyintawo nîyembo nda undumaṉnden, fariŋ kâddur ludunkodo Masaraawo bûto nda neteŋ-kodo, Dar Masaram wayarniyere.

Yagu Faransiyinta i saltana Dar Masara taŋa wîm de kûri tiyen, neŋeliltiŋa lo igen, Sultan Tajaddin du Arari târcawiren nîyembo lîsan kambaskandu usunjurnarniyere.

Sultan Mahamat Baharaddin ti koy nîyembo tusurisina, yagu ti hâbutuu as bûrtim nda ucicen tusurito îya rînaŋ, Faransiyinta mbo tûcaŋa. Bûri as na wî i:

1) Sultan ta kanaa nûyee ene ila i gurii lo sinaa ye, Faransiyinta nîŋa wî du mûgulaa lo ŋundii ye, ila mbo saŋan usurindiye.

2) Dar ta kanaa nûyee ulisinniŋa ila bûriwo Faransiyinta ûrsaŋa. Darta ila i Lîbiya dollo du ulusirniye, hâgudu Dar Maba molo koy ulusirniye. Faransiyinta Abbache kar waya-kunuŋ, kaa lâfinjari tajarko igerniŋa ilawo kooy ûrsaŋa.

3) Sultan Âli Dinar mbo gâyiriya ta gu du, Âli Dinar ti koy Dar Masaram kûri tiyeyaka, tiro mbo tâyirnito îya tîrnaŋa. Âli Dinar ti sultan Âbakarko koy Fachir naŋ tuyaye, hâgudu Sultan Âbakar ta tîyar Jamaladdinko koy kûtim tuyaye.

4) Hâgudu Masaraa juriṉ mo kâddur îsana, bûgulaṉ mbo hâgudu kaa kâddusar kâkaragta koy kâddur îsana, hâgudu sultanta mbo âbbaŋaa mbo kâddur îsana. Ili ta jam îyaŋata âjii sâriyaŋ nîŋa wâjiŋa, ila ru wâjiŋa wî i:

Dôroti dûluɲo têreŋa

Gereṉeŋ kimiṉ sâwije êreŋa

Misikinta dee noŋ ôliŋa

Ṉûri kimiṉ Abtera[16] tonoda.

Ili molo gô nare gu, sultanko naŋawe kûyyere. In kenu, Ndoka ti koy wâl! in nînarnu, kaa taŋa mbo kîrimkandi mbo de tindinniye. Hâgudu kanaa nûyee taŋa korom nduŋ le koku Faransiyintam tûcaŋa. Tûcaŋa-kunuŋ, Faransiyinta koy nîyembo

---

16 Abtera ti kana nûye ye.

ŋoṉinu, gâyiriya taŋa kûde na ilam koy waŋayendire.

Hâgudu Sultan Ndoka ti koy sene wâci tûka ilim, dar molo marce mbo âriṉ mbo asee mbo kâddur de toron, Tumtume naŋ dûkumta Faransiyinta nîŋam naŋ tûṉu-ken kiṉiri iṉenniye.

Hâgudu Faransiyinta du Ndokawo kanaa nûyee ûnjire, ûnji ta ja gi du, Âli Dinar kar dar tam taŋaŋoŋ, mayagine dar mo kûde ûkoŋ, hâgudu fâkije "Ndoka ti baba ta ta tîyar Tajaddin kanaa tindila ila lin Faransiyinta mbo tûcaŋa" ru Ndokawo îya nira ila tiro nunjuriyam urnaŋan koy, kanaa nûyee ila mbo tusuriteyeka ûnjirniye. Hâgudu tîyarce taŋa yoŋ tunuba taŋa yoŋ kûti tam "Muṉuŋti" ru nige ila koy tunuraketeyeka ûṉarniye.

Yagunuŋ hâbutuu iṉa ilawo nda nîŋgeya tândaŋina-kunuŋ, Faransiyinta i koy sultanko nda nûka tindan koy nîyembo nda uciceto ûrananniyere. Masaraa du martu[17] dartam îkarni ilu koy usula. In ken cakat lardim tibiya.

Sultan du mayagine hâbutuu kûde na ila nîge tûnji ilu îya irag koy tilisindirniye, nîge-de tûnjire. Hâgudu kîjiraŋu tarasko de tîke noŋ, kaa garbi na nîŋa kûriṉ mana nîyembo tosiŋare. Yagu kîjiraŋu inko tîkarni ilim, kûti to koy tindiyanni tenarniye. Ili tîyar ta Bâdawi Ndoka kîjiraŋim ko kâddur tuṉuna-kunuŋ, "Ili yan, ama kûti Ndoka ta gim aṉuŋa sultan âwuni" ru tena, kaa sultan gani tam le Abbache kîjiraŋim taka ila du oŋoṉinnden, kâbikarnu inde-de sultan tara elanniyere.

Îŋgiliz Fachir taya gi (sene 1916)

Îŋgiliz Fachir asima Dar Fur ta gim layu, berigko Îŋgilizi Mâsari ilu tamiṉa ili jo 22 aye 5 sene 1916 yere. Ili molo gô nare

---

17 Marti ira gi ti ûwaṉ alle na darta tuum ko malta kâniŋa nunjurun kul êriniye.

gu, Faransiyinta i dar Gimirko le, sultan Gimirta nî Îdirisko "Maŋ Fachir gaka Îŋgilizu raku!" ru ela. Ela Sultan Îdiris "Haywa" rînaŋ Fachir ko Îŋgilizu tarka. Îŋgilizi ŋoṉinu kallikandi mbo de dar tam ti de saltana teneto ûcaŋa. Hâgudu sultanko âte[18] koy ûnjisinare.

Wâkit ilim de, Faransiyinta Îŋgilizko kuruŋu "Dar Masara caki saba do na gim dûkumta keni!" îrnaŋa. "In kendan, Dar Masara ta lardi guwo gosinja kanda tâṉiti. Hâgudu lardu koy kosiŋndiye" in îrnaŋa.

Hâbutu ela Îŋgilizi kar Dar Furko teŋelilanni gi, ruguluṉa gûca darta kooy na nî, Juri Gîlaŋgi Dîniyam Kooy Nûkanni ilim mo yere. Hâgudu Sultan Âli Dinar Furta nî ti Darta Usumaniya[19] mbo nucicenni ye wâkit ilim.

Yagu Faransiyinta Biritaniyawo sel kar, ganii Biritaniya taytiŋa ilam, ti gîlaŋ taya. In kenu Îŋgilizi kar Dar Fur de lo tîna ye ru tena gu, "Dar Masara ti but ye, Dar Furko nurcinda ye" ru Îŋgilizko indila.

Hâgudu sene 1917 ilim Ndokawo Fachir ôliŋa. Lôra îni gi, Furta nîŋ iyaŋata mbo kambas mbo naŋ, majiri mbo kadumari mbo sûyu, dar înim walanto îya tire ru ôliŋarniye. Hâgudu Furta tuu Dar Masaram kar nayarniŋa ila, Sultan Âli Dinarko uya-kodo Furta kâriŋ kar Dar Masaram wayanniye.

Îŋgilizta du Dar Masara Faransa taŋ korom mo ye ru, njeba numaṉe mbo de kenu, Faransiyintawo nda enjebena. Njeba îni gi Faransiyinta Ndokawo wândali-ken, mûcoo mbo kambas mbo kîbin tene ilawo tel-ken, dar înim wâlanteye ru nda enjebena.

Yagu Faransiyinta îkala gu, kana îni gi gani ta mo yanden, i rugulu, Îŋgilizko "Dar Masara koroo mîniŋa mo yande, Ndokawo

---

18 Âte ira gi ti hâbi nene ti de tûṉa gi ye.
19 Darta Usumaniya ira gi ganii wî Tûrkiya ye.

mi saŋan meŋelilndaye, yagu kâciŋ taŋa ŋenjenjemwo de fokotoŋ melaye, hâgudu dar ta gi du Dar Furko nurcinda ye, hâgudu Dar Mabo turcinde. Dar ta gi but de ye, minta mbo du kallikandi mbo de kâyiri mindaye" in îrnaŋa.

Ndoka du, Îŋiliz kar Dar Furko kul Âli Dinarko uya gu toŋoŋina. Ŋoŋa ta gi, Âli Dinar ti baba to koy nuya yeka, ili ta jam nîyembo toŋoŋina.

Hâgudu Îŋilizta Fachir kar waya-kunuŋ, Ndokawo aye 6 sene 1916 ilim njeba nda kenu ŋgo tire, "Kaa Masaraa Âli Dinar baba ta mbo gê tîbina ilawo fasiŋi!" rînaŋ-kodo, hâgudu "Ki kar Fachir kaya gu nîyembo âsso kîmbirnaŋa" in tîrnaŋa.

Îŋilizta Dar Masaram dûkumta ena wî

Faransiyinta Dar Masara ta lardi kalla tûto inndana, hâgudu ili tûte ili, Îŋiliz kar Dar Masaram tay-ken-kodo, lardi ta bûrti gu enan, inta mbo nda kalla tûti. Hâgudu Îŋiliz mbo du nda kalla tûti. In kenu caki Dar Masara saba do na ilim dûkumta njuŋŋa ena.

Hâgudu Îŋilizta sene 1917 ilim, Dar Masaram saba do wayto ken, dûkumko tu Adire ena madaldi Asuŋa molo garbi, hâgudu hille Gilane molo rî sene ili mo de ye.

Yagune kaa Masaraa Sultan Baharaddin mbo tîran kûcaŋ "Îŋilizta ma war-kede maka mandali-ken, dar mo wara wayni" ru waka. Yagu sene ilim Îŋilizta saŋan Dar Masaram kar waynde.

Kuyu sene 1918 ilim, nîyo kulu kar Dar Masaram waya. Îŋilizta Fachir lo âskarta îniŋa mbo kurnaŋ Dar Masaram saba do wayi gim, nusurii nî kâddi gi mirsi taŋa Hardi ("*J. H. Hardy*") uriye. Hâgudu kana ninjibirte nî kâddi gi du mirsi taŋa H. A.

Makamayikil ("*H. A. MacMichael*") uriye.

Dar Masaram saba dollo layu, erdi Kîrendik ta ilim dûkumko ena. Hâgudu gani ilim Tûrukta alle koy dûkumko enarniye. Ili sene 1874 lo 1884 yere. Ilim sultan tandala hukumko ne maŋgay-de uɲunarniye.

Njeba hâkkuma Îŋgilizi ta

Îŋgilizi Dar Masaram tayan, "Ndoka mbo ŋgo ken mâyirnitiyoŋ?" ru njeba ken enjebena, ŋgo ire:

"Mi kâddu salam mbîrnaŋa, hâgudu nîyembo âsso mbîrnaŋa.

Hâgudu kaa tuu mboro kûti na molo mbûnjurti nira inde ru, kâddi Faransiyinta nî Abbache na ili ambindila minaŋa, yagunuŋ mi mboro mbo musuli-ken, kaa ila wâŋgacirnito minndegiyaka, lardi na saba na gim dûkumko menin, mboro mbo njuŋŋo musulteye ru mbûrujuna.

Hâgudu Makamayikilko munduraŋin, subuɲ mbara nare wî molo in dol na ilim, caki dar ta saba na ilim dûkumko tenteye.

Hâgudu ama maŋ nîyembo lilto annde, gâyiriya naŋa kûde na ilam minta ambiso koy menende, yagune ndaŋ-ndaŋ minnde gi, mayagine kûde na wî wan, hâgudu kaa kûti na molo mbindisti nira wî molo, mi kooy nda mâŋgay-ken, kallikandi mbo kâyiri jêyto minndegiye.

Hâgudu lardi minta mbo Faransiyinta mbo muluna gi kallikandi mbo de tinde-ken, mâyirito minndegiye"

in îrnaŋa.

Hâgudu kâddunjar Biritaniya na ila âskarta îniŋa Dar Masaram wayto kûcaŋ kano nda enjebena. Njebenu ŋgo ire, "Âskarta Dar Masaram nindetiŋa ila suba de ye."

Hâgudu kâddunjar îniŋ koy kana Biritaniya lo nda enjebena

ilu ilinteyande. Hâbi ndaŋ-ndaŋ gi, Masaraawo ûrse-ken, kallikandi mbo de indeteye. Hâgudu Îŋgiliz gâyiriya sultan taŋam koy tiso tenende. Hâgudu âskarta hilleṉ molo ṉelle inde-ken, sultan de hâbutuu iṉetiŋa koy toron naŋ, dûkumta îniŋam tûnjirniye ûrsenni gi ta jam.

Hâgudu Îŋgiliz kaawo tûrsegiye, hâgudu kanaa nûyee sultanko nda ênerinniye, kûti to tûrsete ta jam.

Dîra gîlaŋ na gi îdiranteg nîyembo ndeket-ndeketta tîrarin, in ken Ndokata nâyirii taŋa mbo kooy nîyembo ndeket-ndeketta tir-de, Îŋgiliz ta mbo îdiranannniye. I alle Faransiyinta mbo gedo[20] enenni ilu ndâyu kûru wabasendiye.

Îŋgilizta dûkumko darta kamim enaye, yagun nîyembo kalla yere. Hâgudu Ndokata nâyirii taŋa mbo kooy kallo wâyirina.

Yagu gemaa[21] aworata[22] "Dar Masaro Îŋgiliz kar teŋelila maka mayni" ru Ereŋa mbo Mâraritta mbo Maba mbo, njeba katab esina, Kornaye lo kurnaŋ Kîrendik wara. Hâgudu kaŋgi "Sultan Jabal Mun ta âwuti" ru kûtim munje nindiniyaka ware gu, in ru ware gi noŋ yande. Îŋgiliz Dar Masaro teŋelilaye ru ware, yagu teŋelilndayen sîkal le wâlana.

Ndoka mbo hâkkuma Îŋgilizi mbo hâkkuma Sudan ta gi mbo ûcaŋa wî (sene 1920)

Îŋgilizta mbo Faransiyinta mbo lardi ta jam rûse inde-de, jaman îni tônoda. Ndokawo Îŋgilizta Fachir urin taka. Dar Masaram wayte ta jam, sossokoṉ nîyembo uṉuŋgusisina ilim, kâddunjar Sudan taŋa koy "Dar Masaram mayti" ru sossoka ilim indirniye.

---

20 Geda ti kûriṉ mo gîbiriya ye.
21 Gema ira gi ti ŋoṉi ta mbo dar kânim naka gi ye.
22 Aworati ira gi ti dar kânim gû tanaŋa gi ye.

Sene ili 1920 ûranarniye. Hâgudu waraŋko kanaa njuŋŋa ûtuk na ilam ûcaŋarniye. Kanaa ûcaŋa ila i:

1) Sultan hâkkuma Îŋgiliz Sudan ta gi kar, Dar Masaram tayte gu haywa tîrnaŋteye, Dar Masara ti Sudan ta caki ye.
2) Sultan kurnaŋu, taŋ kallaa kâddunjar hâkkuma taŋa mbo âskarta mbo waytiŋa tederenteye.
3) Sultan kaŋgi tandaṉanan tayaweteyande, gâdiyo kenu kallikandi mbo de torgoreto nda enteye.
4) Kaa majiriwo ndînju roka tunusulteye, hâgudu mada Dar Masaram nêru ndaca tendelteye.
5) Sultan kanaa nûyee Dar Masaram ninda wîwo kooy nar hâkkumo tûṉteye, yagu tiro nûrsetiŋa baka teleteye.
6) Jubbu geya chekta hilleṉ nîŋa dollo jubbu ken odoreteye.
7) Sultan dee 500 kul Fachir tanaŋ-ken, ndîŋ ron njiŋanta Sudan ta kûjim oyniteye.
8) Sultan asee âskarta mbo nâyiri mbo iṉetiŋ kâddur todoronteye.
9) Sultan dar mo kaa oŋoṉen tindeto ba tinnde-ken, ti du gâr tigeteye, kaawo du gâru tindigeteye.
10) Sultan ba tindeto tinnde-ken, hâkkumo tûrciteye, hâgudu hâkkuma tira wîwo tenteye.

Sultan kanaa wîwo kooy haywa tîrnaŋa, yagu wândariŋawo kanjala mbo ken endeleŋto îya tîrnaŋa. Wândariŋa ira wî, i nâyirii sultan taŋa mana ye, yagu Îŋgilizi ti tosenden, kana gu tîrnaŋanniye. Hâgudu sultan kanaa nûyee kâddur tiro mbo inndeto tûrujurnarre.

Gûca îni gu kallo ûcaŋa, yagu Îŋgilizta kurnaŋ Jinene warte gu nîyembo mal-mal ena. Mal-mal geya îni gi, mayagine Sahuyuni uri gi Ṉala tîŋara. Sene ili 1921 yere. Hâgudu mayagine gim kaa

Masaraa kâddur nûrci raku, nîyembo njuŋŋa kû "Dar Masaram ayti" ru tena, yagun Ndoka ti celcelo de kurnaŋu, Fachir ko Îŋgilizta mbo kar Dar Masaram wayto tûcaŋa. Ilim mayaginewo âyŋge nda tîliŋana.

Sultan Ndoka tîkala gu, Îŋgilizta jire ta Âli Dinarko luy Dar Masaram koy wayto tîjirin, ti tîkala gu, kaa taŋa ṉorii alle na wîm nîyembo kâddur îsana. In ken ûyom mano sîkal, ti gîlaŋ ko inta mbo tûcaŋa.

Hâgudu gûca ta gu, tiro gû mbo wanaŋndaye, ti tîle to de ko inta mbo nûcaŋa ye. Kaa tuu nîkala îrnaŋa, kanaa nûyee Dar Masara taŋa sultan toron tûṉa ila, kooy wasi mbo nîbin ida ken, taŋ hâkkuma taŋa Ardamata na ila urucarniye.

Îŋgilizi tîkala gu, sultan taŋ tunuba mbo tîyarce mbo babaṉ taŋa mbo oṉoṉnde. Gâyiriya Îŋgiliz tirnen, sultan tâyiri ila tunuba taŋa kûti dar ta molo saltana wânjiso tîjirin oṉoṉinnde.

Sultan kuran tunuba taŋa toron ŋgo tire, "Ki ama tindam 'Bîyo menndiye' ru kara kitabko rofola!" tîrnaŋa. Hâgudu "Kara kanaa Îŋgiliz Fachir lo tirnen, ama gim age ilawo mba kiliwan!" tîrnaŋa. Hâgudu kaa nusurii dîŋ taŋam ninda ila molo kooy wasii kanaa nûyee ilawo koy toron tulanniyere.

Yagu kaa kooy i hukum ŋundi gi tûka molo, hâbutu koy in torgoloṉiŋo osiŋnde, hâgudu kaawo kooy teṉeŋa-kede mîru tonndondona.

Îŋgiliz kar Jinene tayarni gi (sene 1922)

Ilim Îŋgiliz ṉoṉinu sene 1922 ilim, kanaa ti tindila wî ûka, ṉoṉin kar Jinene asima Dar Masara ta gim taya. Kanaa ŋundii sultan mbo ûcaŋa ilawo tindilteyaka kar taya.

Gîlaŋgu madarsa "Jinene A" ira ilim tûnjura, gani ili âskarta jechta nî ye. Hâgudu balus ta nî gi du, sûg Kunji "Joborona Tûrti" ira ili mo yere.

Yagu âbbaŋaa îkala gu, i esere gi mbo âskarta hâkkuma taŋa esere gi mbo îdiranden, inde-de wâkit dortola mo de âskarta hâkkuma taŋa kaŋ molo kâddur wayana.

Ili ta gi do lo îkala gu, hâkkuma̱ŋ mbara gani tîlem indendiyen, wâru ṉelle-ṉelle nda kenu, hâgudu ganu âskarta nû Ardamata ndeleŋ, hâgudu taŋ âskarta nîŋa mbo balus ta nîŋa mbo ederena ilim, hâkkuma ta kâddu naŋ nda unduŋa. Ili ti âmin-âmin koy dûkumta jechta nîŋa Ardamata ira gi ye.

Hâgudu sultanko du nâyirii taŋa mbo Jinene ela. Sene ili mo de kurnaŋ lardi Sudan mbo Cad mbo olona gu îŋa. Hâgudu Ardamata lo hâkkuma Sudan taŋa gâyiriya Dar Masara ta gu gâyiriya wândaŋina.

Gâyiriya Ndoka mbo hâkkuma Sudan ta gi mbo (sene 1922)

Alle sultan mbo nenee taŋa mbo de wâyirinniye.

Hâgudu hâkkuma Sudan ta gi ti kurnaŋu, lardi taŋa mbo hâgudu gûca sule na mbo kooy koroo taŋam tûsa, hâgudu hâkkuma Sudan ta gi Sultan Baharaddin nîyembo i oŋo̱no̱ tâyirna. Kâddi Sudan ta kooy na nî ili sene 1922 ilim, sultanko binu kâddunjar nû nday nîyembo âsso tîrnaŋa.

Sultan Baharaddin "Ama dar mbe mbo koy dôla Sudanko âwurci" ru kar hâkkuma Sudan ta gi taŋ koroom tûka. Gi ta ja do lo, hâkkuma Sudan tag ŋo̱nin binu to fandaŋko de tûṉarniyere. Ili ti bini sultanta nî yere. Lêle ili jo 17 aye 1 sene 1922 yere.

Kâddi Sudan ta kooy na nî gi ŋgo tire, "Dar Sudan ti Kidewi hâkkuma Mâsar ta gi molo sule yande, gâyiriya îniŋam nîrmila ye" in tîrnaŋa.

Gi ta jam Mâlik Faruk Mâsar na gi Sultan Baharaddinko ŋgo ru tindila, "Kâddi Dar Masara ta Baharaddin maŋ kar hâkkuma Sudan ta gi taŋ koroom gûka gu, mi nîyembo moṇoṇina. Maŋ mintawo njuŋŋa âmbusa, mi mboro nîyembo âsso mbîrnaŋa. In ken mi kûji mîni gi molo âte mbîya ye.

"Maŋ kar dar Sudan layi-gim, hâkkuma Sudan ta gu kaŋgi tîle koy nda tîynde. Hâgudu na ja do lo njiŋanta koy milinko[23] koy tîndiŋnde. Hâgudu ṇori kînim juru koy kenndaye, kâddunjar de tîran kûcaŋ galam mbo de keṇek ken ela, maŋ kallikandi mbo de kar laya. Dar Masaro tiro alle guru koy neŋelila kûyye" in tîrnaŋa.

Hâgudu Îŋgiliz ta mbo Sudan ta mbo Faransiyinta mbo, hâgudu sultan Dar Masara ta mbo tîran kanaa lardi taŋa onoda.

Lardi Sudan mbo Cad mbo olona Faransa mbo Îŋgilizi mbo ûcaŋa gi

Dîreṇ mbo gûcaa mbo darta kaa jîsa nîŋa nîŋ nenee darta ŋelesira nî bûrti ûcaŋa.

Sene 1884 lo 1885, dîra Bârlin ta gim tîran, darta kaa dûni nîŋa ciciri eŋelesirete ta jam ûraŋa. Yagune Biritaniya mbo Faransa mbo i nîyembo nînaŋa yere, Biritaniya tiro âyŋge âŋgit nda tîliŋenda urinniye.

Hâgudu jo 21 aye 3 sene 1899 ilim, Biritaniya mbo Faransa mbo jo gîlaŋgi lardi Sudan mbo Cad mbo olona guwo inko ûrana.

Hâgudu sene 1919 ilim, lardi Dar Masaram ûraŋa gi, madaldi

---

23 Milin ti njiŋantam sibini gi yere.

Âzzum mbo Kajje mbo îdirana gi molo, hâgudu Kajje mbo Asuŋa mbo îdirana gi me ye.

Hâgudu sene 1922 ilim du Cad mbo Sudan mbo lardu îŋa. Gani turgula, kaa kûru wabasiŋare.

Gâyiriya Îŋgilizta Dar Masaram landir jera

Dar Masaro hâkkuma Îŋgiliz ta gu nûrcuŋ, hâgudu Dar Tamewo ela ilim, Îŋgiliz Dar Masaram kar taya. Hâgudu Sudan ta mbo Sultan Ndoka mbo kana nûndul, Fachir i nene de ûcaŋaye.

Îŋgiliz dar Mâhdi ta nunjurun tula ili, ṉori Kerere ta gi mbo Andebekerat ta gi mbo ye. Hâgudu ṉori Dar Fur mo taya gi Sili uriye, ilim Sultan Âli Dinar ko kuma Marre dole uyaye, gîlaŋgu Kâlifa Abdalla ta waldama ta mbo ṉori Andebekerat ta gim wayana gi noŋ de.

Yagu Îŋgiliz ti Dar Masara taŋ ûyo tosendiyye. "Âli Dinar taŋ koroo me ye" ru tinda gu, Faransiyinta Dar Masaram kar waya-kodol nandadal tîkala gu, Dar Masara ti Dar Fur molo sule yoŋ tosiŋa. Kosiŋ ŋgo tire, "Dar Masara ti koy dar lo ninda ye. Ba ili yan, dîŋ taŋam awusulin mâyiriti" rînaŋu ŋgo tire, "Wândariŋa Îŋgilizta Difiz[24] uri gi kosiŋ nandadal sîkal, hâkkuma dar gi taŋ bûri tâyiritiŋa kallo nda menin tâyirin" tîrnaŋa.

Îŋgiliz Dar Masaro ûyom tanaŋto tindinanni gi

Îŋgiliz sîkalu, hâkkumo kûde no dôla tu Nînjiriya uri gu nda ena gu, nîyembo kalla tûkare, in ken "Dar gim koy ili mbo nuṉo menni" tîrnaŋa. Yagu dûmmo gani tôrgola-kodo, mayagine Sahuyuni ira gi sêy kaawo wîjik-wîjik nenden, bûri ŋundi tunduŋa hukum ŋundi gim.

---

24 Mirsildi gi kanaa îniŋa mbo "Davies" katab tiriri

Hâgudu Sirili Istak[25] hâkkuma Sudan ta kooy na nî kâddig ŋgo tîrnaŋa, "Jo 24 aye 3 sene 1924 molo, saltana Dar Masara ta gi koroo mîniŋam tûka" in tîrnaŋa.

Bûri Dar Masaro mal-mal nendena wî

Hâbutu kallo kentiyan, gîlaŋgu jarbu geya ye. Jarbu geya ti hâbutu îndisaŋin, gani nda tumane-ken, tîŋar tunuse gi noŋ ye. Hâgudu gani nda tumaŋndan, kûnda ken tûruki gi noŋ ye.

Dar Masaro hâbi dûmmo nalana ili, Nînjiriya wo bûri ken orgola ila noŋ de ken Dar Masaro orgolteyen ena gu, Sultan Ndoka njuŋŋa tirnde, sîŋge gani nda tumaŋnda noŋ kana ta du tînende. Hâgudu âbbaŋaa taŋa mbo babaŋ taŋa mbo i âwuyeker noŋ hâbutuu kâniŋa bûrti-kede iŋe. Yagu hâkkuma njuŋŋa kûyyere, sene 1918 lo 1940 ilim.

Bûrti tu gi du Îŋgiliz tesere gu, sultan tunuba taŋawo teŋelesirende, intawo alle hâbutuu ke iŋenniŋa ilawo hâkkuma tinja, kâniŋ koroom de rêŋu kaawo nîyembo tal-tal esinaye.

Sultan Masaraa nî mârlaŋa gi:
Abdarahman Baharaddin (1951 - 2000)

Dâlime Sultan Abdarahman ta gi

Hâkkuma Sudan ta gi Dar Masara taŋa kanaa wîwo tûreto îya ru, Sultan Ndoka tîyto ninnde tinde-de, sene 1951 ilim tîya. Hâgudu Îŋgilizta du nôron dar înim wate tûka waka. Hâkkuma kanaa Dar Masara taŋa ilawo nîniŋana noŋ de sog ken leyu, taŋa de tigen, Sultan Abdarahman tîkala gu, hâkkuma ta kana gi gani ta yanden, "Mâsar aka kâddusar Îŋgilizi Mâsar taŋa ilam âwuronin

---
25 Mirsi gi kana îniŋa mbo *"Sir Lee Stack"* katab iriri.

mba îkalni" ru taka gim, kâddur de tuŋuna, kâddusar mbo îdirannden, baba ta ta tîyar Ahmat Adam Ismayilko "Kâddusar wî mbo dîrana kana gu sîkal!" ru le tâlandira.

Ahmat Adam Ismayil ti du waraga nare igu katab nda tena. Waraga Ahmat Adam Ismayil kâddi Mâsar ninda lo, Sudan taŋ kanaa nûre gu katab nda tena, sene 1954 kâddi gi ti Gâhira tindenniye:

"Sultan Abdarahman Baharaddin abejegu lo Gâhira sêy, kâddunjar mbo kanaa Dar Masaro ujim nanaŋtiŋa mûranteye ru tinden, nda tânjanjinden, amboro ândayin le tâlana. Ama du ate tûka, kana gu mîkali-ken, aka noŋ tûkan koy, kana kûrana gu ândalteye. Ama haddiye Sudan mo ateyeka, 'Âwurana kaa gê mâyiri wî koy wâru âmbiya, aye gim de ati' ru kanaa ane w wo kâmbandalni ara. Kûrana gu, ko ândaltiyeka waraga gu anara. Kanaa wî:

Gîlaŋgi gu: Ki kose, saltana Jinene taŋa wî, Sudan ta caki garbim lardim nûkasi lo, hâgudu Sudan Faransa mbo Sudan Îŋgilizi Mâsar mbo olonam nûkasi. Hâgudu caki ta tu Faransa taŋa koroom ye, hâgudu caki ta tu Îŋgiliz taŋa koroom ye.

Mbarlaŋa gi: Kana tu do lo du, Sultan Mahamat Baharaddin nîya gi mbo Faransiyinta mbo sene 1910 suri, nîyembo undumaṉirindirni gim koy, Îŋgilizta awun enin, Faransa ta bûrti gu tenteyeka turuŋa. Îŋgilizta karu, ṉuri înim layu, kûriṉ mana ene gu rogolu, ûyom kallikandi mbo wâyirito ena gi, sene 1917 ye. Hâgudu sultan taŋa gâyiriya kûde na ilam tiso enende.

Kaŋgalaŋa gi: Hâgudu ki kose, gûca kaa kooy na nî gi, sene 1919 kaa tuuwo Sudan Mâsari Îŋgiliziwo keneṉeŋara, hâgudu "Dar Fur ta lardi gu sîkal!" îrnaŋa. Yagu lardi Cad ta gi Faransa ta gi mbo nûrmana ye, Dar Masara ta gi du Biritaniya mbo tûrmana gi noŋ de tinde-de, sene 1919 lo 1954 tûka, Sudan ta gûca gi tûkaye.

Aslaŋa gi: Hâbutuu hukum taŋa nurguluṉuŋa waraŋ nûka ila, Sudan berig to tula. Hâkkuma Biritaniya tag tîkala gu du, gûca sene 1919 ta ilim Dar Masara tiro nûrci ye, yagu sultan Dar Masara ta gi ti tinnda molo ye, mbara nam tendeleŋteye. Faransawo tûrcuŋtiyoŋ, Biritaniyawo tûrcuŋtiyoŋ, ti tinnda molo ye.

Turlaŋa gi: Sultan Abdarahman Jinene guwo kanaa dol wan akuya dol wan, njiŋanta dol wan, koy Mâsar noŋ Biritaniya noŋ Faransa noŋ, hâbi wîm awun ige-ken wâyirito tîkala, yagu ndaŋ-ndaŋ gi ti tîle de tû-ken, darta tuu wî mbo akuya de kîbirnu wâyirito tîkala.

Itilaŋa gi: Sultan Abdarahman tîkala gu, Jinene ti du dar ("dôla") tû-ken, Faransa mbo Biritaniya mbo Mâsar mbo awun ige-ken njuŋŋa kûku-kodo, ti tosgi gu tenteye."
njeba in tîrnaŋa.

Ahmat Adam Ismayil lo waraga guwo sene 1954 katab tenaye, yagu lasira waraga taŋa ennde. Hâgudu kano koy ûrannde. In kenu âmin-âmin koy Dar Masara ta kana gu rekeceŋ de ela tindaye.

Gurnanja darajeṉ Dar Masaram

Wâkit Sultan Hajjam ta gim

Kaa Masaraa i Sultan Hajjam ta wâkit molo kooy hâkuraṉ[26] îniŋam sêy, dalaje îniŋ mbo kâyiri nindirniŋa ye. Hâgudu dalaje ira wî, i de lo mâlikta ye, hâgudu tîlo du "dala" uriye, i de lo kaa îniŋa mbo kâyiri indenniye.

Hâgudu Sultan Hajjam ti kaawo saltana taŋam hâbutu ŋundu nda tennde, yagu hukum Tûrki-Mâsari tara ilim, "Kaawo jubbu kigeti" ru, senem njiŋanta ŋgarna yoŋ tonndondona igerni gi de lo ŋundi yere.

Hâgudu Hajjam ti Masaraawo bûrtu tîlo tinibinteyaka, kaawo toro afu nindige, bûri kallikandi mbo daraje ŋundi gim indetiŋ nda tucisina.

Wâkit Sultan Ismayilta kima ta Âbakar mbo wâyirnag

Hâgudu Sultan Ismayil kar saltana Dar Masara taŋa tulag koy, Masaraawo nûcaŋa de raku bûrti Hajjam ta dîŋgarta[27] mbo hâkuraṉ mbo inda gi noŋ de tela, yagu tunuba taŋa mbo tîyarce mbo basaŋa tûsa.

Daraje "basaŋa" ira wîwo Sultan Ismayil de lo tenaye, dûmmo kûyyendirniye. Hâgudu waldamaṉ taŋa fâkije mâsikta îniŋam ninda wîwo du, hilleṉ ṉû wâyiriteyande, yagu jaka fataraṉ nîŋa ilawo toro iṉeteye ru, Ismayil intawo tûṉa.

---

26 Hâkura ira-ken gani nene sutu tîle taŋa wî nî gi ye.
27 Dîŋgar ira-ken hâkuraṉ kâddur na wî lo tîran dîŋgar ûkasiye.

Hâgudu Sultan Âbakar kar saltana tula-kunuŋ, basaŋa baba ta mbo nâyiriniŋa ila kûti tam undumaṉnden, tuu yan, hâgudu tuu kanaa nûyee mbo beri uṉuŋgusiniŋa mbo kênjisan kulu, majirii mbo bûgulaṉ mbo toron, juri taŋ bûri nosiŋ ilawo ludun tela. Nenee taŋa Gereṉeŋ wâkit ilim tiro "Sultan majiri nî" uriniyere. Ili molo ti nenee taŋa Gereṉeŋwo nîyembo njuŋŋo nda tusula, kaa tuu Gereṉeŋ yanda wîwo eŋelesirendire.

Hâgudu dalajewo du hâkuraṉ îniŋam de telare. Dalaje i nîyembo njuŋŋa yere.

Gurnanja âbbaŋaa nî gi

Hâgudu sene 1905 ilim Tajaddin sultan tûka-kunuŋ, Âbakar taŋ kimiṉ kûti baba îni ta gu, baba îni ta tîyar Tajaddin kar tula gu, "Mi minde-de kar tula" ru nda undumaṉnden, ti du kanaa nûyee îniŋa mbo beri îniŋa mbo kooy nda tula, tiro molo ṉelle tûsunde, tuu kimiṉ taŋ tuṉanawo jîse kesin, tuu du ganii wâyiritiŋa nûtaŋ tûṉa.

Yagu juri Dôroti ta gi mbo Kîrindaŋ ta gi mbo, basaŋa nîyembo îsana. Basaŋa nî ganim âbbaŋaa ula, i dar mo nâyirii ûka.

Âbbaŋaa i ŋgata yoŋ?

Âbbaŋaa i Sultan Âbakar taŋa kimiṉ ye, hâgudu kâddur dâsi îniŋa Masaraa molok sule na ye, hâgudu tîyarce taŋa nîŋ kimiṉ mbo, tôsi taŋa nîŋ kimiṉ mbo, babasi taŋa nîŋ kimiṉ mbo, hâgudu majiri koroo taŋam nurnaŋa mbo ye. Wî i kooy Dîrijel kûde de uṉana nurnaŋa lo, gâyiriya saltana nîŋ nîyembo nosi lo, kaŋgi tu ûyo îniŋam tusulto osendire.

Sene 1910 ilim, Baharaddin Ndoka kar saltana tula guwo

âbbaŋaa tiro urakendire, hâgudu gâyiriya îniŋam koy i oŋoṇo-de wâyirire. Ganii îniŋam sultan tâyin, nige nigenda noŋ igere. Kaŋgi in ûyo îniŋam kusul "Ŋgo kigegiyoŋ?" nira kûyyenden urakendire.

Hâgudu Îŋgilizi tara gim koy, âbbaŋaa i oŋoṇo-de wâyirin sîkalu "Kaa wî lo dar taŋ nenee ye, kaŋgi naŋaŋte kûyyendoŋ?" ru ela. Wâkit ilim, âbbaŋaa kaawo nîyembo dabaro wandaŋana. Hâgudu âbbaŋaa i lo Sultan Ndokawo mayagine nda nanara ye, hâgudu kaa in de nawo koy i lo dabaro nandaŋanarniŋa yere.

Âbbaŋaa i Faransiyinta mbo sene 1910 lo 1918 ilim wâyirinni gi mbo, hâgudu Îŋgilizta wara gim wâyirinni gi mbo iṇiŋira. Sultan Ndoka gudura ne inta teŋelesirenden îkala-kunuŋ, Sultan Ndoka gudura tenenden, kana ta du tînenden, âbbaŋaa i mâlikta kûku kaawo away ninndiro tuu wayasina.

Hâgudu hâkuraṇ nîŋ nenee firchen̄ mbo dalaje mbo i âbbaŋaawo seŋ kûran ininendire. Hâgudu malta kâniŋ gulusa koy seŋ indilisindire. Hâgudu jubbu ke odore ilawo koy i de iṇerniye. Jinene mbo munje na ila mo de kâyiri, ṇelle na ilawo âbbaŋaawo de nda tela, i oŋoṇo-de kâyiri kaawo nîyembo nandaro inda gu, sultan Furta nû sene 1916 ilim uya.

Sultan Ndoka du Faransiyinta mbo kallo gâyiriya ndâŋin tena, mâlikta mbo dalaje mbo kanaa îniŋa nîne ûka. Bîyekandi âbbaŋaa nî molo ununara, Ndoka du gâyiriya taŋa alle na ilawo leyu, gâyiriya ŋundii ndâŋinu, âbbaŋaawo jeb ta molo de nîndiṇeya tândaŋina. Malta kâniŋam kosi wanjareto îya ru tûnjiniyere.

Gi ta jam Ndoka majiriiwo gâyiriya taŋam nar, tîyarce taŋa nîŋa ganii mbo, hâgudu mamaṇ taŋa nîŋ ganii mbo babaṇ taŋa nîŋ ganii mbo, hâgudu âbbaŋaa taŋa nîŋ ganii mbo, hâgudu Masaraa tuu Gereṇeŋ molo sule na mbo, gâyiriya kaa taŋa alle na bîyekandi mbo nâyiriniŋa ila nî ganim tunduŋa. Ili molo gô nare gu, âminta[28] mbo wândariŋa mbo, hâgudu kaa inta molo sule na wî mbo, majirii mbo i kidime wâyirna gi Sultan Ndokawo nîyembo awun tena, alle âbbaŋaa mbo nenee taŋa mbo wâyirinni gi molo.

Âminta mbo wândariŋa mbo gâyiriya îniŋa mîru nindigeya mbo, hâgudu gâyiriya tuu mbo koy ye. Hâgudu âminta mbo wândariŋa mbo i mamunta âbbaŋaa nîŋa ye, hâgudu âbbaŋaa i du ganii îniŋam de inde-ken, hâbutuu iṉetiŋa de nda ênerito enarniye.

Hâgudu âbbaŋaa i mîru dora îni ili nîyembo kaawo wandaren, kaa du Îŋgilizi tara-kunuŋ, Îŋgiliz mo dâlimo lôliŋ "Ka gara, kaa wî molo ambunus, mintawo nîyembo away ambinndire!" irnen, sultan wândariŋa mbo âminta mbo kaa Gereṉeŋ mbo sule na mbo nar nda tunduŋanniyere.

Hâgudu hâkkuma du âbbaŋaawo kûru rabaso bûri kaŋ tena:
1) Âbbaŋaawo gâyiriya sultan taŋa kûde na ilam gê wâyirito ena.
2) Inta molo baka de kulu, sossoka mîru ninndige wî nî gim naŋ irmila.
3) Bâdawi Ndoka ta tîyar noŋ, mama ta Ndilili noŋ, Âli Abu Chanab noŋ na wî Gereṉeŋ mana ye, intawo Dar Furta nî molo muta uṉanaye, hâgudu wâzir Âmin Ahmat Abu Chuluk ti du Mâdaraŋ mana ye, gi ta jam gâyiriya nenee îniŋa nîm unduŋaye.

Âbbaŋaawo inko ken eneṉeṉera gi mbo, kooy wenderi hâkkuma taŋa ûka. Hâkkuma kîbisin naŋ sijin Fachir ta gim tûrsaŋa. Âbbaŋaa dâsi îniŋa Masaraa yande ila sule nenee îniŋam ko inda gu, kâni dabaro osenden, kaawo nîyembo tal-tal enarre.

---

28 Âmin ira-ken ti alle hakim tere. Hassa âmin iran du, kaŋgi njiŋanta ûṉu-ken nundunji gi ye.

Firchekandi mbo darjeṉ tuu mbo

Firche ira gi ti mirsi kaŋgi kâddi taŋa yeka, dar Ereŋam urinniye. Ereŋa firche uri gi, Masaraam mâlik mbo dimilij mbo dala mbo lo alle firche ta gani me yere. Mâlik mbo dimilij mbo kooy i de ye. Yagu dala inta molo dûmmo ye. Hâgudu dala molo dûmmo du ârkal te. Wîwo kooy kaawo gani tîlem toron, kallo wâyirito ninnde igerniyere.

Hâgudu Masaraa alle sutuṉ-sutuṉ mo de kucico wâyirinniyeka, ili ta ganim mâlikkandi mbo dimilijkandi mbo dalakandi mbo unduŋaye. Hâgudu mâlikta mbo dimilijta mbo kâddur de tîranu, kaŋgu tîlo de firche nûto endeleŋin firche tûteye. Hâgudu firche ili, intawo kooy todoronin, kallikandi mbo de wâyiriteye.

Hâgudu darje "ârkal" ira ili ti Îŋgilizta lo unduŋanniye. Ârkal ira gi ti gâyiriya fircheṉ nîŋa wîwo sene 1926 ilim nandadal tîkalanniyere. Hâgudu mâlikta mbo dalaje mbo hâkuraṉ îniŋam de jubbu igenniye. Hâgudu kana nûka tindan koy, i de kaawo toron nunduṉuŋ orgorenniye.

Inta nokokorna ilu de firchem înigenniye, hâgudu dalaje mbo mâlikta mbo i fircho ela gani ta molo ganii îniŋam tacindire, i de wâyirinniyere.

Hâgudu sene 1938 ilim, fircheṉ 32 ûka, kâyiri wayi gu lândiru 26 ûka. Hâgudu mâlikta mbo dimilijta mbo hâkuraṉ îniŋam nîyembo jubbu geya kallo wâyirire, kaa îniŋa mbo wâkit ilim.

Wâkit Sultan Ndoka Îŋgilizta mbo tindenni gi

Sultan Ndoka ti gâyiriya taŋa kûde na wî koy ti toṉoṉo-de tigerniye, yagun hâkkuma tosgi mbo yan awosendo. Sene 1921 ilim, kaa toron rogora mbo, hâgudu hâbutu geya mbo kaa in de na nîŋa, gâyiriya ilawo hâkkuma kaa tuuwo ndeleŋ, sultan ta ganim nâyiritiŋayeka tunduŋanniye.

Maktab hakim Îŋgilizi ta gim unduŋa, kaa ila i Bâdawi noŋ wâzir Âmin Ahmat noŋ gâdi noŋ, hâgudu wândariŋa dar Jabal ta gi noŋ dar Ereŋa ta gi noŋ yere. Wîm sultan ti kûjo îni ye, yagu kaa wî mana tîlo koy ti saŋan tindisteyande, hâkkuma tosgi mbo yan awosondo.

Bûri hâkkuma tos-ken sultan tâyiritiŋa ila kaŋ ye, i:
1) Mâlikta mbo firchen̄ mbo chekta mbo ganii înîŋa mo de ye, intawo sultan ndeleŋ tunduŋti, hâgudu ganii înîŋa molo koy tindisti tîle to de.
2) Sultan taŋa gâdiyen̄ baka ûka, hâgudu ti gâdiyo tenan koy kaŋgu tuyto tenende, hâgudu kirama koy lardu nda ena ila de tundunjiteye, hâgudu sijin to fandaŋko teneteyande, hâgudu majiri mbo kaa âlo lo nara mbo hâkkuma taŋa koroom de telteye.
3) Gâdiyen̄ mâlikta mbo firchen̄ mbo ena ila koy tele-ken landisiro eserteye, in kenu gani ilim gâdu gâdiyen̄ sultan taŋa neserto unduŋa. Ili ti Gâdi Zâk-Zâki yere.
Sultan tiro tisa hâkkuma Îŋgilizi ta gu ti de kuruŋ tanara. Yagu nda tundumaṉnden, kano katab ken hâkkuma Sudan ta gim njeben ŋgo tire, "Hâkkuma dar mbo, kaŋgi kamba iyaŋa kaŋgi kamba tu to niŋan kul turaye gi noŋ de mba tiniŋana" ru tûrana.

Hâkkuma ti hukum ta jam kurnaŋu, âbbaŋaawo darje înîŋa molo njûr, ti kaa in de na wî mbo turgulto ninnde, bûgam[29] kûde sultanko tîlo tela. Hâgudu firchen̄ mbo dalaje mbo mâlikta mbo ganii înîŋa inda wî mo de wâyirito kenu, gani sultan ta gim tiro tîlo ela.

---
29 Bûga ti mâdine ye.

Gâyiriya njiŋanta mbo wândaŋina gim

Masaraa i gâyiriya îniŋa hâbutu sûg tam koy, tûkuyen̲ mbo malta mbo kaya mbo nûndura de wâyiri-de, hâkkuma tara-kunuŋ njiŋanta ndîŋaru, sûg Jinene ta gim njiŋanta mbo de gâyiriya tândaŋina gim, Masaraa i njiŋanta enenden, sûg Jinene ta gi molok koy kusulu sule de êreŋa. Njiŋanta nî ja gim Masaraa i Jinene kûde layu, jariben̲ ken êreŋnde.

Kaa Jinene kûde jariben̲ ken nêreŋa wî i hâkkuma mbo, wâyirin njiŋanta tûnji wî mbo, sûg mo menden̲a ke nara wî mbo, hâgudu kidimen̲ igen nara wî, tuu mâdinem kûde ganii nibilaye mbo ân̲ii nusure mbo, saa kito nêru noroke mbo, hâgudu landii sûg mo nêru noroke mbo, ila de lo taŋ kesin Jinene kûde êreŋa. Kidimen̲ wîwo Masaraa i inndende, in ken Jinene molo sule de hillen̲ ken êreŋa.

Hâgudu hâkkuma saltana sultan taŋa ilawo njuŋŋa sûnju, aye naro koy sultanko njiŋanta alle na mbo 425 tûnji to tena, sene ilim 1924 yere.

Sultan ti njiŋanta nda unduŋa molo gô nare gu, kaa taŋawo koy ûyo kalla mbo jera tândaŋina, hâgudu înim defta waran koy chayo ken nûnja wândaŋina.

Gi ta kawa gi alle dar mo kûyyendirniye, hâgudu ti kaŋgi bûga ta kû, tin̲a mbo taŋe mbo binije taci mbo, ti noŋ tunuba taŋa noŋ kooy hâbutuu ŋundii de geya wândaŋina.

Hâgudu njiŋanta taŋa wî, mîri molo ndîŋar ûnjiyeka sîkalu, ti de mîru nindigeya tândaŋina. Hâkkuma tîkala gu, Sultan Baharaddin sultanta tuu molo njuŋŋa tûka, sultan ti noŋ ninda kûyyende. Ti Faransiyinta mbo surisin, hâgudu kaa tuu mbo koy kâddu tusuruna. Yagu sultanta tuum nûkasig tû-ken, kâli âji wândajiteg îya ru,

Îŋgiliztawo kuruŋ tanara awun ena dar to rogol tula.

Hâgudu sultan ti nîyembo kalla tûka, kaa firchen̠ mbo chekta mbo koy lafinu, ti tindam de îkere. Sultan ti kallikandi mbo tâyirin wayi gu, nûburaŋ kaa taŋa ludun le njiŋanta de gulusa ndâŋin tindirka le tîya. Kima ta Abdarahman saltana tula.

Sultan ti Dar Masaram tîle de yere, yagu dîŋ taŋam nucice njuŋŋa tenere ila i firche N̠erneŋgi gi noŋ, Mestereŋgi gi noŋ, Fukun̠aŋgi gi noŋ, Firche Mahamat Yakub Rîzig noŋ, firche Kuma Mun ta gi noŋ, wî lo tiro nandalan̠enniŋa ye. Hâgudu dîŋ îniŋam kaa nusuri nîyembo njuŋŋa enere.

Jubbu geya ŋundi njiŋanta nî Dar Masaram ena ili

Jubbu geya njiŋanta mbo wândaŋina ili kalla yandire. Alle i zaka Mula tira gu de toronu sultanta mbo fâkije mbo chekta mbo mâlikta mbo, hâgudu sultan kaa ûn̠tiŋa tîrnaŋa ilawo de ûnjinniye.

Hâgudu jubbu geya tuu ila du, hille yakunuŋ kûran ûcaŋa nda unduŋa guwo, sultanko hâbi hillem ti de kalla ilu nar ûnjinniye. Hâbii ûnjinniŋa ila, tîniŋgi noŋ n̠ami de ta noŋ nêru ûnjinniye, hille yakunuŋ.

Yagunuŋ Îŋgilizta wara-kunuŋ, jubbu geya sultan nîŋa ilawo rogolon̠iŋ, jubbu geya înu gân̠ika nda nanarndito kenu, gûca jubbu nigeto ena. Gûca îni gim ena wî mâlikta mbo firchen̠ mbo chekta mbo, inta mana koy kaa kallaa, kaa oŋon̠o nûre, kanaa îni koy tîne ila 12 unduŋanniye.

Gûca îni gim, gûca gi ti mîtko nduŋ, hâgudu kûrin̠ kâniŋa sîllaa ûs-ken, jubbu geyawo koy kallikandi îni mbo de hâbii jubbu entiŋa wîwo îndiŋarin siriŋ ulusito ena.

Hâgudu katab nige wî du fâkije yere, yagunuŋ hâbutuu

koyoŋ ônomise wîwo tîlo koy keṉeŋ ilisu enendinniye, kooy jubbu igegiye. Hâbi nôma guwo ganii ûtuk enin, ûtulaŋa guwo jubbu nige wî ulin, âday na wî neno nda ilisinniye, yagun sene 1924 lo 1925 ilim, kâddi hâkkuma ta gi jubbu geya hâbutu gulusa guwo leyu njiŋanta mbo tândaŋinnayere.

Dîginiye

  Jubbu geya koyo ônomise wîm igerni gu leyu, dîginiyo wândaŋina. Dîginiye gi ti kima mba lo kambaskandu nanarka mbo, kima kara mûcokandu nanarka mbo, indigenniye. Yagu iyaŋo kamba ta caku indigenniye, kitab mo koy iyaŋa ti kamba ta caki ye îrnaŋa gi noŋ de. Hâgudu jubbu geya dîginiye ta gu leyu, jubbu geya hilleṉ mo wândaŋina ili, ti jubbu geya kambas mbo iyaŋata mbo hillem ninda ila nî tânino nda unduŋin, chek noŋ kâddunjar hille taŋa noŋ tîranu, nda unduŋa guwo ŋgondo kenu kaŋgi tîle ta tânino nda unduŋin tentiyoŋ, nda undunjinniye.

  Jubbu geya ila, mâlikta mbo firchen̲ mbo kaa gemaa âlo lo nara ilawo kuru nêru, hilleṉ îniŋam nundun̲ugusu, "Jubbu geya wîwo wâlwala mûsunji" ru ke-de, gemaawo Dar Masaram kâddur ûsanniyere.

  Hâgudu sene 1928 ilim du, jubbu geya wîwo du sininta kaŋ ŋun geya wândaŋina, yagune dîginiye iyaŋa ta guwo ndis, kamba ta guwo du njiŋanta rok nda ena. Hâgudu sene 1935 ilim, kaŋgi kûjom wan hillem wan kooy nindigeya wândaŋina.

  Hâgudu zako ônomam ulusi gu, jubbu geya hâkkuma taŋam njiŋanta mbo gojeya wândaŋina. Hâkkuma taŋa wîwo mîru nendena gi, jubbu geya îni gi kaa hâbutuu koyoŋ ônomise wîwo ulusto îya ru, njiŋanta de innden, kana gim fircheṉ mbo mâlikta mbo kurnaŋu jubbu ke, nenee îniŋa mbo ûyo unjurito îya ru kurnaŋ wâyirindire.

Yagu gûca 12 na nî jubbu nige wî, i de gâdin̠ lo hillen̠ malanjo kaŋgi nindin̠ana tindan koy kirama ke, ilawo jebta îniŋam loyko igenniyere. Hâgudu hillen̠ nîŋ nenee du gûca taŋ nene hillem ko ba ûnjuran, hille taŋ nenee hille îni gu jubbu geya baka nda unduŋto ninnde, gûca taŋ neneewo âte nûnju, diyafan̠wo ndînjaru nda idibakenniyere. Ila "rachuwa" uriye.

Bîyekandi jubbu geya ŋundi gi tag

Jubbu geya ŋundi gi awaykandi kânu tosende, dar mo koyoŋ kônomon̠ kônomndon̠ ulusiye, hâgudu dar mo sereme yoŋ wâci yoŋ, hâgudu arko yoŋ dar mo tûkan koy, wâkit jubbu geya nî taran, kaawo gû mbo de nandarin nînndindin̠ar ulusiye.

Jubbu geya alle na wî, i dar mo oyoŋa tôman de igere, hâgudu gulusa îni gi koy senen̠ kaŋ ŋun jubbu igenniye, hâgudu i dar mo hâbutu ômon̠ ômndon̠ sîkal, dee nî waja tûkon̠, hâgudu tâwi malta nî tûkon̠, hâgudu waja kâni tûkon̠ tûkindon̠ sîkal-kodo indigerniye, yagu jubbu geya ŋundi gi ila tosende.

Bîyekandi ŋundi darko nôdilanni gi jubbu geya ye, jubbu geya îni gi asee nulusinda, sû nulusinda, do nulusinda, tûkuyo nulusinda, innde îni gi njiŋanta de ye.

Hâgudu njiŋanta rakica gi du nîyembo tân̠inniye, kaŋgi kimin̠ taŋ mbo âsur koyesin nôm, dîrije mbara yoŋ kaŋ yoŋ nucun, sûg Jinene ta moyoŋ Zâliŋge ta moyoŋ naŋ, jaribe asee oroke gim wanday-ken, tajirta nî kâddi gi simbildu torfolin, kaa kooy îdiranin, "Asee inna mbo de moronteye" tîrnan̠in, asee nîŋ nenee ila mbo oronan, dîrije nucun wanaŋa wî nîŋ koy warkicende. Hâgudu îndiŋin du, "Jaribe taŋ minnde" ire, in ken ento osendi-ken, ndîŋ ron koroo de rîfil le îken, kaa kambaswo nda tumaṉnden, dar saba kâddur waka. In ken kaa Dar Masaram rere ûkanniye.

Hâbi tela kaa Dar Masaro le îŋa gi, hâkkuma njiŋanta tûnjinde, hâgudu njiŋanta kaŋgi nîbina ili tabasende. Tabasiŋan, ken rakica gi nîyembo tâṉin, warka ilu hâkkuma jubbu geyam taran ndîŋ usteye. Hâgudu nêrenji tindan koy, hâbutu innde gu enti. Tajirta hâbutu ŋundi kaa osenda nêra ndâŋin, âfandiṉwo hâkkuma njiŋanta îniŋa nar tûṉan koy, tajirta njiŋanta ilawo kulu Andurman enjebenin, budo nda ênerinniye. In enan, sûg Jinene ta gi njiŋanta baka ûkasiyye. Hâgudu kanaa wî noŋ ninda wîwo Masaraa mbo Furta mbo Ereŋa mbo osendiyye, yagu âfandiṉ mbo balusta mbo de osiyye. In kenu, gi ta ja gim, kaa njiŋanta baka rak nîbina wî wabasendiyye.

Hâgudu jubbu geya mbo gê na gi, kaŋgi malta nene ilu malta taŋa molok de nda ulusinniye, hâgudu nenenda ilu mirsi taŋawo karras mo nduŋu, galam taŋa ru girichko tîlo nda ulusinniye. Kaa îkala gu, dar mo ja-ken, malko neyoŋ nendoŋ, jubbu geya geteyeka îya rînaŋ, kaa tuu wâlandirnditiŋaka de îŋa. Dînja îni gu "joŋgojoro" urinniye. Hâgudu kaa nêreŋa ila du, hâbutuu sûg mo wanaŋan, njiŋanta nêneriwo de goya wândaŋina. Ila i basalta mbo chetta mbo âṉari mbo, wî njiŋanta ênerin ndîŋju roko jubbu nige wîwo nûnju ununaraye.

Hâgudu Masaraa darko le dînja îni gi, jubbu geya do lo de yande. Gani îni ye, yagu kaa tuu tîŋar nda undumaṉnden, gani numaṉo ninnde darko le îŋaye. Masal ŋgo tire, "Tîniŋgi koy buraga molo buragam ninndikiliwo de toron, ṉamu tige gi noŋ de yeka, Masaraa koy îŋaye".

Masaraa njiŋanta nî jam sule kidimem nîŋa wî

Masaraa i Dar Masaram kûde lar îrarindiye, yagu dar saba îkeyye. Sene 1925 lo 1935 ilim, Dar Masara târmina. In ninda gi mbo, kaa Gadarif nîke mbo Afirik Al-Wusta nîke mbo, Sudan mo kûde muta nîke mbo kesin wârcananniye.

Dar Masara taŋa kaa tîŋ alu gîkeya gu awun nena gi, hâkkuma Sudan ta gi ye. Hâkkuma ti kaa alu wayi-ken tunucicendiyye, hâgudu majikandi koy tiyananniyere. In ken kaa gô ko, gô ko igenniye.

Kaa Dar Masara taŋ gîlaŋ gîkeya îni gi, Kurdufan hille Nûhud ira ilim ko, njiŋanta ôjiritiŋa wan, mûcoo ultiŋa wan kulu êrinniye. In kenu kaa Nûhud naka ila nîŋa iyaŋatawo "Asabat Nûhud" undunurinniye. Masaraa i alle martu jiranta îniŋam de ko, malta kul nar mûcoo ulusinniye, yagu hâgu Nûhud ko kadam kesin malta nar mûcoo ulusinniye.

Hâgudu bûrti mbarlaŋa gi du, bûrti Gatar ta Babunusa lo Ṇala tara-kunuŋ, kaa Gadarif gîkeya wândaŋinanniye.

Bûrti kaŋgalaŋa gi du, dîn ta ja dollo Jazira Aba Mâhdi ta gani ilim Nâbi Îsa tinde irnen, "Dar mînim koy kufarta kar âmbirgigire molo ây make" ru waka gu, Nâbi Îsa yande, Abdarahman Mâhdi lo ano lamo nâbi ye ru tindayeka sîkalu, Fâki Ma Koboska na gi ta le wâlandira, nêreŋa du êreŋa.

Kaa Masaraa Jazira Aba sene 1925 ilim, gîkeya îni gi nîyembo kâddi tûka, hâkkuma kuranu Sultan Ndokawo "Ti koy Abdarahman Mâhdiwo awun tige kînte" ru, kûri mbo tûren, Ndoka koy "Masaraa nîyembo Jazira Aba kâddur ye irnen, aka ama de âkalni" ru taka gu, kaa taŋa âsuri Abdarahman Mâhdi taŋa de rogoro, sîŋgee ketero jûrum ke, in de-de igegiyoŋ, njiŋanta mbo igegiyoŋ, nusunjirindo ke inde-de ko tarka.

Hâgudu kâwaji hâkkuma Jinene ta gi mbo nâyiri gi, kano ndîŋar ŋgo tire, "Ibirik wardi gi molo ŋgâcirrni, buta ŋola lâmi gi molo du ŋgâcirrni, 'sebe' ginda n̠in̠ molo du ŋgâcirrni. Hâgudu njiŋanta Mâhdi taŋ molo du ŋgâcirrni!" tîrnaŋa.

Yagu lar lîrariya Masaraa nî gi Dar Masaro wandadal-kede Sudan mbo tîrmila, siyasa kâddur na berig Sudan ta gu wamina molo gô nare gu.

Giraye Dar Masaram

Kimin̠ gîlaŋ gâr nena wî

Hâbutu saltana nî ja do lo sâmu nenenda îndiyye, in ninda gi mbo, giraye kooy na nî yoŋ, tîle ta yoŋ kûyyendiye, yagu giraye tîle nindini gi, kanaa Mula taŋa de yeka, mâsik tam gâr igenniye. Hâgudu kanaa Mula taŋa gâr nige wî i kanaa ârinjeka katab geya osendiyye, yagu Guranko kîjim de îbiyye, giraye kooy dîn taŋa de ye, yagun madarsan̠ fagi taŋa wan, tajawit taŋa wan, nâhu taŋa wan kûyyendiyye.

Gi ta ja gim, Îŋgilizta wandadala gu, giraye madarsan̠ nîŋa wî koy nîyembo ndaŋ-ndaŋ ta yeka sîkalu, sultan taŋ kimin̠ mbo, kâddunjar tiro mbo, nâyirii ila mbo gâr ken kitaba kosin̠, gâyiriya sultan taŋa wan, hâgudu kaawo kadam igetiŋa wan, hâgudu sultanko awun ige-ken darko kallo tîbinteyeka, kimin̠ Sultan Baharaddin taŋa ilawo de gîlaŋ, madarsa Fachir ta gîlaŋ na ilim giraye osin̠teyeka wanaŋanniye.

Kaa gîlaŋgu katab geya koso sultan mbo gê gâyiriya

nândaŋina ila Dar Masara mana yande, wala Masaraa yande, i Fachir gâr ken giraye mbo kitaba mbo kosiŋ kar, sultan mbo kâyiri nindenniŋa ye, ila i Ahmat Âfandi mbo Hassan Imam mbo Hassan Mâhdi mbo Dafa-Alla Ajab mbo, i kitaba koso sultan mbo gê Dar Masaram nâyirinniŋa ye.

Hâgudu kaa gîlaŋ Dar Masara molo Fachir ko madarsam naya ila i Mahamat ta baba Baharaddin noŋ, Sefaddin ta baba noŋ ye. Sene 1925 lo 1928 ilim, sultan kimiṉ taŋa wî madarsam tanana.

Hâgudu sene 1927 ilim, fircheṉ mbo mâlikta mbo kimiṉ îniŋa madarsaṉ mo enjebeto tûrana, ilim nîyembo fircheṉwo dil tenarre, kimiṉ îniŋa gâr indigete ta jam. Hâgudu sene 1934 ilim, kimiṉ fircheṉ nîŋa mbo dalaje nîŋa mbo gâr indigete gu gâse yandiyye. Fircheṉ kimiṉ îniŋa girayem nenjebena wî i: Firche Musa Karama Mâkki Bilal Kamaraŋ na gi, Mahamat Issag Mâhdi Forboroŋa nag, Adam Abdarahman, Mustafa Juldu Kîrendik nag, Arbab Îssa Adum Bîr Tebit nag, Abdalla Ṉindiko, Yaya Bachar, hâgudu kaa tuu koy kimiṉ îniŋa enjebena.

Wî gâr ena gi ta ja gi, gâr geya mbo katab geya mbo kosiŋ, tunuŋge îniŋa fircheṉ wîwo awun igeteye. Awun geya îni gi, gîlaŋ njeba katab geya wan, njeba wanaran gâru geya wan, jubbu nindigeya wan, wîm kooy awun igeteyen gâr endenaye. Mbarlaŋa gi du, wajayta noram awun igeteye. Hâgudu kaŋgalaŋa gi du, babaṉ îniŋa nî ganim wâyina yan koy wâyiriteye.

Sultan fircheṉ mbo mâlikta mbo "Kimiṉ kîniŋa madarsaṉ hâkkuma taŋa wîm kanaŋ-ken gâr igete" tîrnaŋa gu, fircheṉ mbo mâlikta tuu mbo kimiṉ îniŋa wanaŋa, tuu du kimiṉ îniŋa wanaŋto îya rînaŋ, kaa away nira nîŋa kimiṉ mbo inta mbo nâyirii nîŋa kimiṉ mbo de wanaŋa gâr ken wara.

Wara-kunuŋ, gâyiriya urguluṉuŋa, away nira nîŋa kimiṉ gâr ken nara ila gani raku, hâkkumam gâyiriya wândaŋina. Yagu firchen̲ mbo mâlikta mbo kimiṉ îniŋa madarsam nenjebennda, ila nîŋa kimiṉ koroo rok ken êreŋa.

Âfandiṉ gîlaŋgu Dar Masaram nândaŋina wî

Gîlaŋgu madarsan̲ i ganii mbara yere, mâsik mbo âfaranji mbo gani tîle mo de yere. Majirinta subbo mbo n̲erem mbo Guranko igenniyere, hâgudu duro du madraso gâr igenniye, madarsam kûde de, fâki noŋ âfandiṉ noŋ gani îni tîle de ye, hâgudu âfandiṉ i du madarsa gîlaŋ na gu gâr ken nod, âfandiṉ nûka yere.

Âfandiṉ ila i: Hâdi Sale, Margani Mânsur, Musa Karama, Hamat Bilal, Mahamat Ishag Nahid, hâgudu Mahamat Adam Diŋgila noŋ yere. Inde-de, madarsa sina lo mâsik wan madarsa wan, gani tîle ili madarsa gîlaŋ na kû mâsikko tindisa.

Âfandiṉ majirintawo ajajatko nda kenu, gîlaŋgu nara ilawo âfandiṉ madarsa gîlaŋ na gim kulu, tuu du sûg tam wan, majalas tam wan, firchen̲ nîŋ ganiim wan, katab nigeti kulu, tuu ilawo ludun ela.

Majirinta Dar Masara molo Mâsar naka ila

Alle kaa kurnaŋu gani madari kâddusar îdirana, gani Jazire ira ilim ân̲ari inditen nîkerniŋa ila koy lândiru, kimiṉ îniŋa madarsan̲ mo uluna.

Hâgudu dusuŋo dar Mâsar waci ili Dar Masaro nda tûtturarna, Sultan Mahamat Baharaddin ti koy uji mana nîyembo nesere lo, kimiṉ Dar Masara taŋa wîwo Mâsar giraye osinjeteyeka gudura nunju, Jama Âzhar ira ilim tenjebenniye. Hâgudu kaa tîlo-tîlo nîke mbo, hâgudu kâddur tîran nîke mbo de yere. Yagu kaa Kase taŋa wî, kaa Mâsar nîke wîwo kaa "Mâsar mate" in urinniye. Ila gani îkerni ili, Jama Âzhar noŋ madarsaṉ Mâsar taŋa noŋ yere.

Yagune Sudan berig to tamina-kunuŋ, sossokaṉ[30] hâkkuma taŋa kâddur ûka-kunuŋ, majirinta Mâsar gâr nige ila mbo sultan mbo êneṉina. Sudan mo kooy Dar Masara taŋa giraye de dole yere, yagun kana gâṉika nî gi tîŋara-kunuŋ, sultan majirinta Mâsar njeba nusulu, bûrti Mâsar ta gu tûrsaŋa. Tûrsaŋa, majirinta kîjiraŋim nara wî koy saŋan wâlande.

Wâlanda ta ja gi, alle sultan jatta mbo ṉuŋ watiŋ mbo tûnjiniŋa ila tela. Ili du, sossokaṉ hâkkuma taŋa kâddur na ila ṉurim waya gi ye, hâgudu majirinta du koroo fere ye, sultan-kede gudura enende. Dar Masaram nêreŋa ila kumusanjiṉ kû, kaa dar garbi lo Hij mo nîke ilawo nenjebe ûka. Tuu âṉari ninditetiŋa du Jazire enjeberniye.

Bûrti Mâsar ta gu ûrsaŋa gi

Majirinta ila kosi nûtturarna yakan, ila nî ja dollo dar koy ûyom taka. Hâgudu giraye mbo kaa gâr nena mbo nîyembo ndaŋ-ndaŋ ta yen, kaa ila i kimiṉ îniŋa kâddur madarsaṉ mo ndaca wândaŋina. Kaa alle kimiṉ îniŋa madarsaṉ mo ndaca îya nîrnaŋa ila koy, kimiṉ îniŋa madarsaṉ mo ndaca wândaŋina. Hâgudu kaa Mâsar ko nara ila du, mirsi Mâsar uriwo nar, Dar Masaram kimiṉ îniŋa gura wândaŋina. Mirsi uri ila i Hilmi, Nâjib, Jamal, Kamal, inko uriye, hâgudu mirsi tuu koy uriye.

Sultan Baharaddin ti girayewo nîyembo ṉoṉo, kaawo kooy gudura nûnju, kimiṉwo koy njiŋanta ṉuŋ watiŋa mbo iṉantiŋa

---

30 Sossoka ti hâkkuma ta hizib te.

mbo koy ṉûṉ, hâgudu warago katab ken katime ta gu rofol tûṉ-ken kul îkenniye. Inko tena ilim, nayii wîwo kooy bûrti nda tâṉindirre, hâgudu kaŋgi nîrkari gi kûyye-kede de waci.

Inko tige-de de, sene 1955 tûka. Ili molo de majirinta mbo sultan mbo wâṉina, ili molo gô nare gu, majirinta Mâsar gîkeya usula. Kana igi koy Sudan berigko tamina-kunuŋ, sossokaṉ kâddur na wî lo, giraye Dar Masara taŋa wîwo dûmmo talana.

Hâgudu sossoka "Hizbal Wâtani Al-Itihadi" ira gi lo majirintawo nînjenu, sultan mbo tânaṉina, Dar Masara dûmmo tûka.

Madarsaṉ Dar Masaram hâkkuma taŋa gîlaŋ na wî

Madarsa ti de gîlaŋ na hâkkuma ta gi hassa madarsa "Jinene A" uri gi ye. Tiro molo madarsa Kajja gîlaŋgi uri gi ye. Tiro molo du Hâbila noŋ Mestere noŋ, hâgudu Kîrindaŋ noŋ Kûlbus noŋ yere.

Hâgudu madarsaṉ ṉuri mana Dar Masaram kûyyendire, yagu sene 1955 ilim, daraṉi ti de gîlaŋ madarsam katab nena ila, madarsa Ṉala ta ṉuri mana gi mo yere. Hâgudu îmana-kodo, daraŋ mbara nûka ila, madarsa kâli nî gîlaŋ na gi me ye. Hâgudu sene 1957 ilim gîmeya onoda, mbeli lar lîrarnu waka.

Hâgudu madarsa Jinene ta ṉuri mana gim, kâddi gûca ta kimiṉwo sero nîbi ili, Sultan Abdarahman Bahraddin te. Ti Dar Masara ta kûjo lo, hâbutu kooy koroo taŋa mo ye. Hâgudu madarsa sânawiye mbeli nî kûyyendire, yagu waraŋko enarre.

Giraye kâli nîŋa

Giraye kâli nîŋa nîyembo mal-mal enarre, yagu madarsa gîlaŋ na gi madarsa Jinene kâli nî gîlaŋ na gim, âfandiṉ gâr nindigerniŋa ila i: Manira Mahamat Baharaddin, Fatime Mahamat

Baharaddin, Zenab Abdulmula noŋ yere. Hâgudu ŋgo giraye nî jam mûre gi yan koy, Dar Masaram gâr ke ninda ila i kimin̠ kâddur dar mo nâyirii nîŋ Dar Masara molo sule na ye. Hâgudu tajirta nîŋ kimin̠ mbo bâlus ta nîŋ kimin̠ mbo de yere.

Madarsa sânawiye

Dar Masaram madarsa sânawiye gîlaŋgu ena ili, madarsa sânawiye kâli nû Jinene enanniyere. Yagu tîrimbil kimin̠ kâli kîjiraŋim kul, Jinene lo Fachir kul naŋi-de kîbilig ken kâli mbara tayana. Ilim madraso lar ken Fachir wanaŋa. In ken madarsa Jinene ta kâli nî gu lar ken madarsa mbeli nî ilim naŋ urmana.

Giraye njiŋanta mbo wândaŋina gi

Hâgudu giraye daraŋi n̠uri mana gi taŋa wîwo njiŋanta mbo igerniyere. Hâgudu ilim koy nasaŋana nîŋ kimin̠ de igerniye. Njiŋanta ilawo "masarif" ta urinniye. Hâgudu kima tara, mirsi unduŋa-kununŋ de, jinen̠ 12 sene taŋa ulusinniye. Yagu majirinta tuu njiŋanta kooy enin, tuu du caku enin, tuu du caki ta caku igerniye, yagu hâkkuma mbo nâyiri nîŋ kimin̠wo in de de ulusirniye.

Yagu njiŋanta inko ulusi gim, kûde koy kimin̠ kaa away nira nîŋa mbo, tajirta nîŋ mbo, njiŋanta i ira wî ba wanarndan, kimin̠ ŋgo giraye nîbi yan koy urayere. In ken, gi ta jam kimin̠ kâddur giraye le dar saba joŋgojoro wa-ken, tuu du âskariyo way-ken, tuu du nenee îniŋa saŋan binu nda enndan, madarsam êrenjirniye.

Hâgudu kimin̠ in de ula wî koy, aru[31] nenee ila giraye ilisire. Wâkit ilim, binije waci ila jilabiye mbo tûkuye mbo de yere.

Yagu hâbutu nîyembo bîye igenni gi, kimin̠ kaa away nira nîŋa mbo, boko nasaŋana nîŋa mbo, nîyembo giraye kîbu kosi nûttararna ilawo njiŋanta kâddur mbo ulusinniye. Tunuŋge

---
31 Aru ira gi ti kaŋgi binu nenenda gi ye.

wasaŋnden, giraye le âskariyo de lay êreŋa. Tuu du juri muta na gim wanaŋa ṉori tayana. In ken Dar Masara taŋ kimiṉ gâr nena baka ûka. Yagu kimiṉ gâru nena wî, tajirta nîŋa kimiṉ mbo kaa hâkkumam nâyirii nîŋa kimiṉ mbo de yere.

Giraye mâsik taŋa

Yagune kaa Sudan taŋa nîyembo dînko oṉoṉere, hâgudu âjii lâja koy darko ṉoṉa nîŋa de ye. Sultan "Madraso nurake mâsik Mâhat dar mbe ta gim tayti" tîrnaŋa. Igi ta ja gim, mûdunta Sudan taŋam kooy gani gâr igetiŋa hâkkuma taŋa yanda ena.

Yagu gani giraye nî Jinene ena iliwo, kaa bas ke kimiṉ îniŋawo îniŋgendire. Yagu kimiṉ Masaraa hâkkuma ta gim wayto îya nîrnaŋa ilawo de îniŋgerniye. Yagu majirinta ilawo "bas mâsik" urinniŋaye. Hâgudu gani tum du "taŋi târii nî" urinniye.

Nîyembo rakisko eserenniye, yagu kaawo fayt giraye tonosiŋa, dar mo jek nomoṉo wâyirin, kaa nîyembo ûŋurenniye.

Hâgudu Mâhat iliwo madarsa ṉuri mano enaye, sene 1969 ili molo gô nare gu, giraye nî kâddi Dîktor Mahayadin Sabir uri ili kurnaŋu awun tena, madarso ṉuri mano enanniyere.

Kaawo giraye nafar nendena gi

Alle kaa nîyembo koṉori lo inde-de, giraye nû bûrtu osenden, kaŋgi bontolonko tayan koy, "Gire nûcaŋa wasi Mula ta kûru tiŋa gi" urinniye. Hâgudu kirfito nûcaŋa ilu, "Ili mbo de kîbin wasi Jahanab mo wanaŋteye" urinniye. Hâgudu madraso koy "Îndiye" giraye kuffarta nîŋa mbo, hâgudu Tûrukta nîŋa mbo igeg urinniyere. Madarsa Îndiye uri gu, giraye njicil geyawo dar Hîn lo wanarayaka, Îndiye urinniye. In risin kaawo giraye nafar endenarniye.

Makatar girayem gîkeya nû

Fâki Ibrahim Yaya Abdarahman ŋgo tire, "Amboro baba mbe tîya sene 1954 ilim madarsam andanaŋa gu, giraye nî jam kaa hille mbe taŋa mbo koy dîra alanniye. Wâkit ilim tîrimbilta wan, dîrije ijar taŋa wan kûyyendire, in ken mi makatarko jom de mîkerniye. Yagu waram joo kaŋ yoŋ as yoŋ mûŋunjerniye, mayi noŋ.

Hâgudu waram sedeṉ bîyee ila inden, kurako wasi ken nâmalanjarnu mûŋunjerniye. Sedeje nî kâddi gi ti amara ye, ti wasi ta dâyko nîyembo turake" in tîrnaŋa.

Kimiṉ Dar Masara mana Mâsar Jama Âzhar Chârif gîlaŋgu sene 1955 naka ila i:

1	Umar Chârif (Umar Charifta, i de gîlaŋ Mâsar naka ye. Hâgudu kimiṉ tunuba taŋa nîŋ kul Jama Âzhar taka.)
2	Mahamat Chârif
3	Adam Chârif (Ti sado[32] nula ye)
4	Nûren Mahamat Chârif (Ti koy sado nula ye)
5	Âli Mahamat Chârif
6	Abdulaziz Ibrahim Ismayil (Ti koy sado nula ye)
7	Ahmat Tîjani Baharaddin (Ti koy sado nula ye)
8	Âli Baharaddin
9	Mukhtar Baharaddin
10	Dîktor Âli Hassan Tajaddin (Ti koy sado nula ye)
11	Dîktor Mahamat Hassan Tajaddin (Ti koy sado nula ye)
12	Ahmat Hassan Tajaddin (Dobolomko[33] nula ye)
13	Umar Hassan Tajaddin (Ti koy sado nula ye)
14	Abdarahman Adam Âbakar (Ti du Chumu nîyembo ajalko kallo nula ye)

---

32 Sada ira gi sânawiyo nod ulusigiye.
33 Dobolom ira gi sada molo dole ye.

15	Mârgani Mânsur Bâdawi (Ti koy sado nula ye)
16	Âbubakar Mânsur Bâdawi
17	Âbubakar Abdalla Sâyid (Ti koy sado nula ye)
18	Îdiris Abdalla Sâyid
19	Mahamat Sale Yusif
20	Abdalla Yusif (Ti âfandi tûka)
21	Mahamat Abdalla Gamarawi (Ti majirinta Âzhar naka wî nî kâddi tûkarre)
22	Sileman Abdarahman Ahmat (Ti koy Mahamat molo gu do majirinta nî kûjo tûkaye)
23	Ishag Rîzig-alla (Ti koy sado nula ye)
24	Îdiris Rîzig-alla (Ti koy sado nula ye)
25	Ishag Rîzig-alla (Ti koy sado nula ye)
26	Abdulwahi Hassan Adum (Ti koy sado nula ye)
27	Mahamat Îdiris (Ti koy sado nula ye)
28	Mahamat Yakub Bachar (Ti koy sado nula ye)
29	Âbubakar Mâhdi Mahin (Ti koy sado nula ye)
30	Âbubakar Mahamat Hissen (Ti koy sado nula ye)
31	Âbubakar Mahamat Adam
32	Hassan Mahamat Adam
33	Bâchir Âbdulgadir
34	Abdalla Kamis Adam (Ti koy sado nula ye)
35	Hassan Kamis Adam
36	Âli Toŋgo
37	Mustafa Abdulmajid
38	Âli Abdulmajid
39	Âbdulgasim Ibrahim (Ti koy sado nula ye)
40	Mahamat Âbdulgasim
41	Abdalla Bâchir (Ti koy sado nula ye)
42	Abdalla Hassan Zâmbur

43	Kher Hassan Zâmbur
44	Mahamat Hassan Zâmbur
45	Ishag "Hana" Âbakar
46	Abdulaziz Umar Imam
47	Arbab Yusif
48	Mahamat Bilo
49	Mahamat Ahmat Harun (Ti koy sado nula ye)
50	Hissen Harun (Ti koy sado nula ye, hâgudu Abdarahman molo gu do chekiyo nulanni ye)
51	Îzaddin Ibrahim (Ti koy sado nula ye)
52	Abdalla Chekaddin
53	Mahamat Dafa-alla Ajab
54	Mahamat Abdarahman
55	Mahamat Âbubakar
56	Âli Mahamat Âbubakar (Ti koy sado nula ye)
57	Sâbil Abdarahman
58	Ahmat Abdarahman "Sotalarab" uri gi (Ti koy sado nula ye)
59	Âli Adam "Ibrahim Âli Adam ta baba"
60	Ibrahim Bachar Noman
61	Abdlla Mahamat Rîzig
62	Yakub Rîzig
63	Ishag Mahamat Rîzig
64	Hassan Mahamat "Hasuna"
65	Mahamat "Uztaz Tacha ta baba"
66	Mahamat Ishag
67	Mahamat Adam (Chek Kase ta)
68	Hassan "Al-Gamar"
69	Ahmat Mahamat Kâmun
70	Abdalla Hassan Gasim

71	Mahamat Âbdulkarim
72	Âbakar Dida
73	Adam Abdalla Gasim Usman Bahri
74	Hammat Ibrahim
75	Mahamat Adam Nimir
76	Mahamat Bachar Atim
77	Îdiris Barke
78	Ibrahim Mahajir

Nânjafira sultan mbo majirinta Jama Âzhar naka wî mbo enannîg

Majirinta murabban̰ mo katab mena wî lo, i de gîlaŋgu Mâsar nakarniŋa yere. Ila lo dar mo lândir darko dâyko nda enarniye. Hâgudu kuruŋ toresin, bûrti siyasa nû onosiŋa. Ilim kûde i bûri mayagine siyasa nîŋ esina, inko ena gim, kosi siyasa nîŋ âmbutturaŋa, majirinta Jama Âzhar taŋa ganii mbara ûka.

Ganii mbara na ila i tu "Hizbal Wâtani Al-Itihadi" uriye, ti kimin̰ fâkije nîŋa mbo kaa away nira nîŋa mbo giraye nonosinje ye. Ila nige gi du Abdalla Hassan Zâmbur uriye. Hâgudu Abdalla Hassan Zâmbur ti siyasa nî ja gim nîyembo nînaŋa yere, hâgudu waldaman̰ taŋa Abdulaziz Umar Imam noŋ, Kher Hassan Zâmbur noŋ, i siyasam nîyembo nâriŋanniŋa yere, ja sultan ta gim.

Sultan ti du kaa "Hizbal Umma" taŋa wîwo nîyembo kanaa îniŋa tinen, majirinta tuu Hizbal Umma ta mana ano lamesin, sultanko kano nda enjebena. Njeba îni gi du, "Som tu kin̰iŋ sultanko muyti ru musaddasta rokesin bûrim êreŋa" in ru enjebena. Majirinta Hizbal Wâtani Al-Itihadi taŋa du, kana gu kinaŋ majirinko tu nenjebena mano urcana.

Sultan du njeba gâr kenu, ŋgo tîrnaŋa, "Majirinta kana gu

nena wîwo tuu kîbina nare!" tîrnaŋa. Kîbin wanara wî, kûjo îni gi, ti Abdalla Hassan Zâmbur te. Intawo kîbinu Fachir ûrsaŋa, nasa gu kooy ûrana wabasiŋa. "Gi ta kawo tâŋgit minaŋnde, kûjo lamina ndû no nus!" in nira wî, nenee Al-Wâtani Al-Itihadi taŋa ye.

Hâgudu Sâyid Zâyad Hassan Arbabko, Hizbal Umma taŋam kâddu gani Mestere tam wanara gim, kalala orona tenen, Abdalla Zambur îya tîrnaŋa. "Tâŋgit minaŋndo minaŋa, kaa kambaswo kalala osoyo, hâgudu kalala joya gi kambas nî yande wâkit mîni gim," in ru tûrana. Yagu Hizbal Umma ta kâddi Abdarahman Mâhdi ŋgo tire, "Kalala joya igi tento tenende, kamba yoŋ iyaŋa yoŋ kima yoŋ, dar Sudan taŋa kaa alle na wî i osenden, kalala osoyenniye." Inko nîrnaŋa wî i kaa mbara ye, Abdarahman Mâhdi noŋ Âli Mârgani noŋ ye.

Majirinta acaŋan̄ wî

Majirinta ila i lo, gâyiriya Dar Masara taŋa nandalan̄enniŋa ye, bîyee mbo kallaa mbo ndeto, dîra moyoŋ koy, sultan kano ti yando tûranan koy, i de gîlaŋ kurnaŋ sultan mbo kanaa nânjafirenniŋa ye dîran̄ mo.

Hâgudu sultan bîyekandu kânu dar mo tândaŋinan koy, i kurnaŋ kanaa ilawo kulu, hâkkuma taŋa kâddunjar mo nîniŋgerniŋa ye. Minaŋa, gojeya kâmari dîginiye nîŋa igendito, kaa dar garbi taŋa i hâbi dîginiye ira gu kaa kâmari nenewo de indige gu osire. Hâgu wandadala gu, kambas mbo mûcoo mbo kooy de indige gu tîjiŋara. Hâgudu gâyiriya sijin âmir ta gi mana ila koy, kaa tuu îya nira îŋara minaŋa.

Hâgudu kaa sijin mo rûsaŋ ene ilawo, gâyiriya kaduman̄ nîŋa mbo majirii nîŋa mbo wânayire. Nâyiriya îni gi, saa gûn̄ugusim nûndunjisa mbo kâtaf tam nonorta mbo kadam indigere. Yagu wâkit ilim, sâfiyen̦ Dar Masaram wanarndirre, ili molo dûmmo wanara. Hâgudu sâfiyen̦ wanara-kunuŋ, dôgodigta ken, sâfiyen̦ mbara norta wândaŋina. Saa ênerinniŋa ilawo sultan mbo nâyirii taŋa mbo wandaŋerniye.

Hâgudu sultan ta iyaŋa Tarig nî da, kaa kambaswo saa nûndunjusa gu îya tîrnaŋarre. Tarig nî da tîkala gu, kaa kambaswo away nindiro rakas geya yen, îya tîrnaŋa. "Kaa kambas i juri taŋa de ye" tîrnaŋa.

Caki tu dollo du ûren minerre, Hizbal Umma ira ili ta ja dollo, Hizbal Umma ira gi wâkit ilim ti de njuŋŋa yerre. Kaa Hizbal Ummawo nûrci ila Mâsar ko Jama Âzhar gâr ken wara-kunuŋ, kanaa sultan nomon̦do tâyiri ila kooy îya îrnaŋa. Giraye Âzhar taŋa wîwo, kaa tuu ndelen̦ kul kaa tuu eleteyandire, kaa Dar Masara taŋ kooy mbo, hâgudu Dar Gimir taŋa mbo, hâgudu sutun̦ kooy mbo wanaŋtiŋayere.

Mâsarko âsso mîrnaŋa, hâgudu kaa i de gîlaŋ bûrti Mâsar to lûtturaŋ gâr nena ila âsso mîrnaŋa.

Jat majirinta nî

Wâkit ilim, jatta îniŋa âbbo nuburuŋa non̦ mun̦ani non̦, fîlta wanjana non̦ gaga non̦, gîrfe sî ta baram nda oynin kul îkerniye. Ili ti mâmun makatar ta yen, kaa kooy osirniye.

Hassa koy, gîrfen̦ ila majirinta alle Mâsar nakanniŋa bûgam ninda ila nîŋ taŋ mo nduŋ ene. Korbin̦ majirinta ila nîŋa wî, âmin-âmin koy kitabta mbo mujallan̦ mbo bin̦ de ene, sininta kâddur de nuŋuna.

Majirinta i gâr ke-de kâddur ŋun, giraye dole nam ko gâr kesin kar alle ena ila landir îkalan, giraye alle na wî ŋundii de nda ûkasi.

Kanaa gurii gâdin̰ niŋa ûwan̰ Dar Masaram ken ela

Gâdiyen̰ hillem wayawenniŋa wî

Dar Masaram sultanko ma unduŋnda ilim, gâdin̰ kaŋgu kirama entiyan, kaawo nîkarisin kaŋgu kirama igere, wâkit ilim.

Kaa tîran gâdiyo ige gi du mâsik mo yere. Hâgudu hille taŋa nenee koy hâbutu ene-ken, dîra îni mâsik mo de yere. Chek hille ta gu du "kâlife" urinniyere. Hâgudu kâlife ira gi, ti lo dîran̰ hille taŋam kûjo ye. Hille taŋ nenee kaa kâddusarwo endeleŋin, kâlife mbo gê ṉuŋ kanaa nûka ilawo wayawenniyere.

Hillem kano ne dîram uṉuŋan, kaŋgi hille ta kano ne nûrante tinda-ken wânjarindiye, wâru ûn̰-ken tûregiye, kanaa ûre-de kar tarka ila. Kaŋgi hille mana ti sibina yan koy, kano tûranto tene-ken oŋorendaye, îya du indirndayere.

Dîre hille ta gi ti wâkit tîlem nônodisenda ye, yagu chek ti de sîkal tena, gâdiye ba tîyndan, âjawitta[34] mbara yoŋ sîkal turuŋin, kana gi tîyan haddiye, lala tîyndan ajalko lamin le wârcawiyere. Hâgudu kaŋgi nandaṉana gu, chek tîle koy kirama nda tunduŋteye, yagu âjawitta osteye, chek kaŋgu ba kirama tena tunuba taŋa mana ko âjawitko kul taran, kana ilu landir îkalteye. Chek ti du tiro bas eno tîkalteyande, kallikandi mbo de landir îkalteye.

Kirama

Kirama kaŋgi nandaṉana guwo nda unduŋtiyan, gîlaŋgu jâniye ta gu nosiŋ-kodo, kirama âjawitta i de nda nduŋ-kodo, chekko indilin toŋoṉinin igenniye. Hâgudu bûrti tu dollo du, chek ti

---
34 Âjawit ti chek mbo gê gani gâdiye tam nuṉugusi ila ye.

de kirama nandaṇana gu nda tunduŋin ken-kodo, âjawitta du chek tunduŋa gi molo dûmmo ûmmanin, kûcaŋ nda undunjinniyere. Yagu gâdiyo landir îkalteyan, mâlik koy tinnde-ken ûcenniyere.

Hâgudu kirama kaŋgu nda unduŋa ba tîndiŋaran, chek hille ta gi taŋa koroom de indeteye, yagu âjawitta koy osgi mbo teneteye. Hâgudu chek kurnaŋ mâlik hâkuraṇ nî nene gu ko, kirama ṇû tenin, nêreŋa ilawo du chek mbo âjawitta mbo tîran, kaa hille taŋa kooy mâsik mo îdiranin, kirama ilawo iṇaye, kaŋgi kirama nda unduŋa gi mbo gê de.

Kirama ndunja gi du kaŋgu dâlul geya ye, hâgudu kirama kaŋgi nda unduŋa gi hâbi tene gu ulusinniye. Kiramam ulusinniŋa ila i tûkuye yoŋ mûkuldi âṇari ta yoŋ, malta nîjiri tîce yoŋ dee yoŋ jôci yoŋ, hâgudu koyo ônomisem du kâcamuu yoŋ fîlta yoŋ asee soror yoŋ ulusinniye. Hâgudu hâbutuu tuum du ṇori yoŋ keṇkeṇa yoŋ, kaṇa yoŋ torboṇa yoŋ, joka yoŋ tene gu ulusinniyere.

Sijinta guru igerniŋa wî

Alle sijin kûyyenden, iyaŋa yoŋ kamba yoŋ tandaṇanan sîŋge goṇim ucuṇin, hâbutu ndîŋar tujurnin wacacenniye, ndûm bîyo igendaye, nîyembo bîyo tenan awosendo.

Jamanko sijinta kûyyere, yagu sijin ta ganim hâbi tu "tûkurke" uriye, âdumo nar, âgu ṇurim kaŋgi ta joṇi tayte nanno leŋen, hâgudu âgu tu bûto kôr ento leŋen, kaŋgi jâniyan gi joṇu tay-ken kôr igegiye.

Tûkurkem kaŋgu joṇu nday kôr ba enan, ŋgo tigen koy, tîle to joṇu saŋan tîndiŋarndiye. Hâgudu kaŋgi ilu mâsik mo kamim, âyŋge dir-dir moyoŋ, wasarŋa nîyembo kîrima tira gi moyoŋ, ele-ken, bûgulaṇ muturakta kul malanjo-malanjo rujo dalul igenniye.

Yagu îṇesinte tûkan, tûkurke molo îndiŋarin, nuba taŋa mbo gê daram ṇuŋ tîṇesinin, landir tûkurkem kôr igenniyere. Hâgudu sugurti mo yan du kucuŋ ilisinniye.

Hâgudu sijin tu du, âgu kûllaŋu sereko in suru, taŋu kedel dole rucu ela, ninda ilim jâniyanko ulunin, joo nda efela ilawo tonodin de ûtturarniye. Hâgudu âgu gi ti nîyembo sereka yeka, kaa tîle înu saŋan oyosirendirniye.

Gâdiṇ Dar Masaram

Gâdiṇ Dar Masaram sene 1884 lo 1956 nayi gu, sininta 72 uŋuna.

Yagu ila i kooy tîyarce mbo de yere. Ila i Âli Âzarag Sunusi ta kima Âli ta kima, Ibrahim Sunusi ta kima Âli Ahmat ta kima, Abdulmalik Âli Âzarag ta kima Sunusi ta kima Âli Ahmat ta kima ila, i lo gâdiṇ lo kana "Cheriya Islamiya" tira gi mbo de nâyirinniŋa yere.

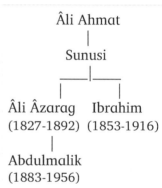

Gâdi gîlaŋgu saltana Ismayil Âbdulnabi taŋam nâyirinni gi, Fâki Âli Âzarag kima Sunusi ta, kima Âli Ahmat ta, kima Umar ta, kima Mahamat ta, kima Adam ta ye. Hâgudu nuba taŋa Humer kima Saba ta, kima Yachejib ta, kima Yarib ta, kima Gahtan ta ye. Luṇa ta gi sene 1827, hâgudu wâkit gâdi tûkarni gi du 1884 yere. Ti gâdi lo kadam ke sininta 12 tuŋuna, Sultan Âbakar Ismayil mbo. Hâgudu lîsa ta gi du, sene 1892 ilim tîya. Gimisa ta gi du hille Chaŋgalba ira Kîrendik molo saba do imisiŋanniyere.

Hâgudu gani ta gim, tîyar ta Ibrahim, Sunusi Âli Ahmat ta kima tuṇuŋarniyere. Tiro luṇa ta gi sene 1853 uṇanarniye. Hâgudu gâdi gûkasa gu du sene 1892 tûkarniyere. Hâgudu gâdi tûka-kunuŋ, sininta 20 tuŋunarniye. Hâgudu lîsa ta gi du sene 1916 tîyarniyere. Tiro uṉana molo sininta 63 nenenni yere. Hâgudu gimisa ta gi du gani Ardamatam matar Jinene ta gi mbo munje na gim imisiŋa.

Ti Sultan Âbakar Ismayil mbo du kadam nena yere, hâgudu Sultan Mahamat Tajaddin Ismayil mbo du kadam nenarni yere. Hâgudu Sultan Mahamat Baharaddin Âbakar Ismayil mbo du kadam nenarni yere. Tiro Mula raham tenni, ti kûri ta kalla yere. Ti "fago" koy gâr nenarni yere. Hâgudu kitabta tuu koy nîyembo gâr nenarni yere. Hâgudu hukum ta gim koy, bûrti Mula tira gi mbo de tigere. Hâgudu tu mbo kû tu tilisinndire, hâgudu hâbutu nûka tindoŋ, kaa lo êṉinoŋ ṉurim lay torgorerre.

Gâdi Ibrahim Sunusi ti tîya, tîya ili sene 1916 yere. Hâgudu ti tîya, tîyar ta gâdi gi ta kima Abdulmalik, Âli Âzarag Sunusi ta kima, Âli Ahmat ta kima, sene 1883 uṉanarniyere. Ili lo sene 1916 ilim baba ta ta tîyar Ibrahim Sunusi ta ganim gâdi tûka-kunuŋ, sininta 40 tuŋuna, ti Sultan Mahamat Baharaddin mbo du kadam tena, hâgudu Sultan Abdarahman mbo du koy kadam ken sene 1956 ilim tîya. Mula raham tenni.

Ti sininta 73 ne-de tîya, hâgudu tiro ndûruk Tîrti muta garbi ṉuŋgusa "majalas" mâdine Jinene ta gim imisiŋarniyere. Ti kaŋgi nîyembo kalla yere, hâgudu tiro Mula saburko tûṉa, kaa lôriŋir kar ûyo taṉam uṉuṉan koy, kallikandi mbo de torgorere. Hâgudu ti bûrti Imam Malik ta gi mbo niyenni yere. Hâgudu ti nânanirenda lo, Mula tira gu de niyenni yere. Hâgudu târikta juriṉ Sudan garbi nûka wîwo kooy tosire.

In ken gâdiṉ mbo sultanta mbo kadam nena ila i:

1) **Gâdi Âli Âzarag** Sultan Âbakar mbo sininta 12 kadam nena yere.
2) **Ibrahim** du Sultan Âbakar mbo sininta 6 kadam nena yere.
3) **Ibrahim** Sultan Tajaddin mbo sininta 6 kadam nena yere.
4) **Ibrahim** Sultan Baharaddin mbo sininta 8 kadam nena yere
5) **Abdulmalik** Sultan Baharaddin mbo sininta 34 kadam nena yere.
6) **Abdulmalik** Sultan Abdarahman mbo sininta 6 kadam nena yere.

Jâribe tîle mo de gâdikandu sininta 72 nuŋunanniŋa yere.

Gâdiyen̰ Dar Masara taŋa

Gâdiye dala ta gi, koti molo dûmmo na, chekko nalfina wî de ye, gâdiye koti ta gu sultan de tigenniyere.

Sultan Hajjam ta gâdi gi Abay yere, hâgudu Âmir Ismayil kimin̰ taŋa mbo na nî gim, gâdin̰ înin̰a jâribe tîle molo de yere, i du sutu îni Bôrno yere, i kooy Fâki Âli Âzarag taŋa kimin̰ yere, Kuŋga indirka, Dîrijel kar hâgudu Jinene wayarniyere.

Gâdi tu kanaa Mula taŋa "Cheriye" mbo de nayawe tinderniye, yagu sultan ti koy gâdi lo, gâdiye ena gu, landir sîkal ken̰ek tenin wayawerniye, hâgudu gâdiyen̰ kâddunjar ilawo mahkama ta fandaŋ ilim de ken tayawerniyere.

Hâgudu tu dollo du gâdikandim Bôrno koy indirre, yagu Gâdi Zâkzaki de yere ti du Hawusa ye.

Gâdi Zâkzaki

Gâdi Zâkzaki tiro mirsi taŋa Mahamat Umar Zâkzaki urinniyere. Gâdi Zâkzaki ti kaŋgi mbarlaŋa gâdiyo nigerni mana ye, ti kaŋgi kûjo ta nîyembo awun tigen, kaa kooy ajab irniyere. Ti fâki lo kanaa Mula taŋa nîyembo tosire, hâgudu ti Jinene kar tayi gim, giraye nîyembo koso kar taya, Sultan Baharaddin tiro gâdu tunduŋarniyere, mahkama ṉuri mana gim. Hâgudu ti nîyembo gâdiyo lila mbo ken tayawen, kaa kooy ajab irniyere.

Gâdiyeṉ koti taŋa

Gâdiye koti ta ilu, sultanko de nda enjebenniye, ba sultan dîye nda tunduŋan, ajalko enin, nuya gi taŋ nenee wî ajal ilim nda ênerirniye. Ba wanar-kede ajal ilu indilinan, sultan nâyirii taŋa tunduraŋin, hille îni moyoŋ, gani malta saa wandaŋe moyoŋ, ko malta warka ilawo, kaŋgi tîle taŋa yan koy, ila molo de dîye nîŋa kul, hâgudu joo taŋa koy kul îkerniye. Hâgudu kaa nuya gi taŋ nenee kurnaŋ maltawo toronu, kaŋgi malta nda ula gu nda walasirerniye.

Yagune nda uya gi taŋ nenee "Mal mbo koti mbo mûndulndiye" ba ira-ken, sultan tuyte mbo de hakam ken sijin ta gim naŋ tûrsaŋin, mbîri kaŋ tuŋun-ken, nda uya gi taŋ neneewo turuŋin wa-ken, kusaŋko njindi kaŋ kaa warniŋa mbo kaŋgi sijin mana gu ndîŋaru ṉûyu, "Kanaŋa ti kîni gu ken tuya gi noŋ de kena luyi!" ru tûṉu-ken naŋ wayawerniye.

Inko de ke hakam ke inde-de, Îŋgiliz kar sîkalu bûrti hukum to Dar Masaram igeto nda tunduŋa, hâgudu jo 26 aye 3 sene 1929 ilim, kanaa ke kaawo Dar Masaram orgoretiŋa tunduŋa. Kaa tunduŋa ila i:

1) **Fircheṉ mbo dalaje mbo** hâkuraṉ îniŋam kanaa sibinaa wîwo, i de wayaweto nda tela, alle dûmmo ke wayawerni gi noŋ de.
2) **Mahkamaṉ kâniŋa wî** koy ganii as teneṉeŋera:

a) sultan ta mahkama

b) gâdi ta mahkama

c) gâdi tîle n̲un̲ tîndinasi non̲

d) gâdi awun nige gi ta non̲

Hâgudu mahkaman̲ wâyiri wî i hâkkumo nda nunduman̲nda nîn̲a non̲, kanaa kotin̲ nîn̲a nî non̲, hâgudu majirii nî non̲.

Yagun hâkkuma Sudan ta gi mbo Dar Masara mbo nin̲in̲irarnin̲a yere. Hâgudu mahkaman̲ wî i gâdiyen̲ nîn̲a w,î Ardamata dûkum hâkkuma ta gim nakinda ye, yagu hâkkuma nda tanaran, i osi gi mbo ken wayawere.

Hâgudu mahkaman̲ wî i jânin̲ kaa gemam nûkasi gu tiso enendaye, ila i:

a) gemaa âlo lo wanara dûni yanda ila nî non̲

b) kaa Mâsar lo nara ila non̲

c) kaa hâkkuma mbo nâyirii ila non̲

Yagun bûga ta kûjo "mutamat" ira gi, hukum mahkaman̲ wî ena gu teletiyon̲ cacin̲ tu tentiyon̲, tiro molo ye. Inko de kâyiri inde-de, berig Sudan ta gu wamina.

Ili molo gi dol lo, kûjo gâdin̲ nî ili, kano aye 8 sene 1957 ilim, mahkaman̲ tuu Dar Masaram bûgan̲ mo ento tûrana. Kûjo gi ti Gâdi Yaya Umran te.

Wâkit ilim mahkaman̲ 12 ye. Ilam kan̲ na wî i: mahkama sultan Dar Masara ta gi non̲, hâgudu mahkaman̲ mbara na wî du, mahkama Dar Masara ta kooy na nî Gâdi Mahamat Umar Zâkzaki ta gi ye, hâgudu Mahamat Dar Gimir ta kooy na nî Sultan Usman Hachim ta gi ye.

Mahkaman̲ mbara na wî mbo, hâgudu mahkaman̲ âday na wîwo du, injiran̲a gi mo ye, gâr kena sîkali:

	Mirsi mahkama taŋa	Mirsi kûjo taŋa	Gani hakam tigete gi	Darjeṉ mahkamaṉ nîŋa wî
1	Bûga ta ṉuri mana gi	Mahamat Umar Zâkzaki	Dar Masaro kooy de ye, yagu Dar Gimir sule ye.	a) Gâdiyeṉ hâkkumam naŋ wayawe wî sijinko sininta kaŋ molo ûyom nîkenda gi ye. Hukuma du 200 Jine molo nalfinnda gi ye. Ruca du mahkama kâddi gim igegiye. b) Gâdiyeṉ hillem de wayawe wî i: Hukuma îniŋa 200 Jine nalfinnda wî ye. c) Kaŋgi nandaṉana gu hâbii ganii îniŋa ilam ene ila mbo unusegiye.
2	Kulbus Dar Gimir	Usman Hachim	Dar Gimir lardi ta molo kooy de ye.	
3	Mestere	Yakub Arbab	Mestere, Kariye, Bîr Tebit	a) Gâdiyeṉ hâkkumam naŋ wayawe wî sijinko sininta mbara nalfinjenda, hukuma du 100 Jine nalfinjendaye. Ruca du mahkama kâddi gim urceye. b) Gâdiyeṉ hilleṉ mo wayawe wî i: hukuma îniŋa 100 Jine nalfinjenda wî ye. c) Kaŋgi nandaṉana gu hâbii ganii îniŋam ene ilawo ndîŋ unusegiye.
4	Arara	Hasaba Al-Karim Âbakar Nindikonji	Firchekandi Ṉindiko Adam ta gi noŋ Wenegaliya noŋ Charaw noŋ Yakub Âdiŋgi ta gi noŋ ye.	
5	Hâbila	Namsa ta baba Abdulgadir	Ṉabare, Kamaraŋ, Hâbila, Gûbbe, Magarsa, Mâgarura	
6	Murne	Alhaj Mahamat Hassan Ndirka	Firchekandi kooy na nî Abdarahman Nûren noŋ Yusif Abdulgadir noŋ ye.	

	Mirsi mahkama taŋa	Mirsi kûjo taŋa	Gani hakam tigete gi	Darjen mahkaman nîŋa wî
7	Kîrendik	Tajaddin Fudul ta baba	Firchekandi Âbakar Zîber ta gi noŋ Âli Hanno noŋ Ismayil Taga noŋ Chalbi Mahamat noŋ	
8	Abu Suruj	Musri ta baba Baharaddin	Gani Asuŋgorta nî mbo Mâraritta nî mbo hâgudu Garga noŋ Madmuri noŋ Chali noŋ Arigat noŋ ye.	
9	Siliya	Ahmat Mâhdi Mahin	Dar Jabal ta nî kooy na nîg	
10	Al-Bandar Mahkama Al-Umnda	Hassan Jibiril	Firchekandi Jinene ta dar taŋ kami mana wî	
11	Jimeza	Abdarahman Ahmat Bede	Ka Hawayta, Mâraritta, Gimir, Mahadi, Tarjam, Marasi, Ndûrukta kooy na nî ye.	

Bûrti kaa Masaraa alle guru iyenni gi

Bûrti Masaraa sultanko ene-kede kîbin iyenni gi, bûrti ili ti hâkuraṉ mbo dîŋgarta mbo Masaraa i "koyoŋa" urinniye. Hâgudu koyoŋa gi ti namalanjirna lo hâkura mbo nûṉe ye, hâgudu mirsi tu du "kâraŋgal" urinniye. Ti bûrti sultan mo koy "dîŋgar" urin osi gi de ye. Hâgudu koyoŋa yakunuŋ hilleṉ kâddur nene gi ye. Hâgudu koyoŋa ta nene gi ti sutu ta kûjo ye, hâgudu koyoŋa ta nene gu tiro "dala" uriye.

Hâgudu kâddunjar hilleṉ nîŋa ila i dala ta ganim nâyiri yeka, masarak mbo "kâlife" urinniye, yagun ârinjek kanaa waya-kunuŋ, koyoŋa ira gi mbo kâraŋgal ira gi mbo "hâkura" de kuru, hâgudu "dar" uriye. Dala ira guwo du "mâlik" kuru, hâgudu sultan sona urinniye, yagu kâlife ira gi ârinjek kanaa mbo koy "chek" de yekan orgoloṉiŋaye.

Hâgudu Dar Fur ta bûrti gu orgoli gim, ŋundu in ûndula kûyyende, Dar Fur mo alle sultan kâddi gu "Chartawi" urinniye. Hâgudu wândariŋa garbi na ru urinniye. Ila molo hâbutu kâddur de ûrgurtarna.

Tûrukta mbo Mâsariyinta mbo ma warnda ilim, Dar Masaram firchen as de yere. Ila i : 1) firche Ṉerneŋ nî gi noŋ 2) firche Fûkuṉaŋ nî gi noŋ 3) firche Mestereŋ nî gi noŋ 4) firche Mînjiri nî gi noŋ ye.

Hâgudu Îŋgiliz Mâsari tara-kunuŋ, Dar Masaro firchen kâddur eneṉeŋera. Hâgudu firchekandi gi ti koyoŋaṉ kâddur tenere, hâgudu firchekandi gu dalaje molo undunjinniye, hâgudu firche ti bûrti ŋundi gu nûrcinni ye. Yagu waldamaṉ taŋ dalaje wîwo neŋelenda ye, hâgudu firchekandi gi ti sutu tîlem de nusulnda ye, kaŋgi hâbutu koso kaa mbo kallo nâyiri ilu de undunjinniye. Hâgudu dala taŋ nenee molo de undunjindaye, firchekandi Kino ta gu nda tûka gi noŋ, i dalo sutu mano uduŋnde. Yagu sutu Matarmbe mano Hassan Jukutiwo unduŋa.

Firchen̄ Dar Masara tan̄a mbo Ârinje nîn̄a umndan̄ mbo hâgudu sutun̄ tuu Jabalta mbo Eren̄a mbo, bûrti gâyiriya înin̄a nî gi, gâyiriya Masaraa nî gi mbo nûn̄e ye. Hâgudu hâkura yoŋ dîŋgar toŋ gaŋgaŋ dalakandi ta yoŋ ye, hâgudu tuu nas ira gu nenee ye, yagu i n̄uri înim nân̄ikinda ye.

Dar Masara

Ganii but-but enen̄en̄eraye dîsir na injiran̄a gim sîkal:

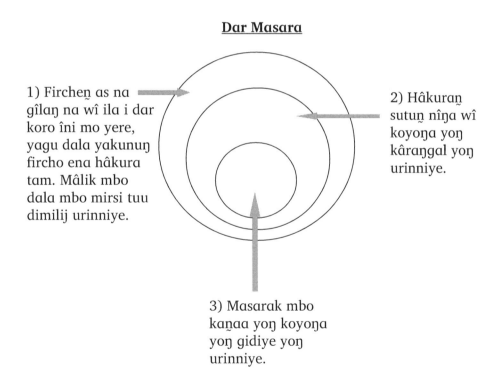

Dar Masara

1) Firchen̄ as na gîlaŋ na wî ila i dar koro îni mo yere, yagu dala yakunuŋ fircho ena hâkura tam. Mâlik mbo dala mbo mirsi tuu dimilij urinniye.

2) Hâkuran̄ sutun̄ nîn̄a wî koyon̄a yoŋ kâraŋgal yoŋ urinniye.

3) Masarak mbo kan̄aa yoŋ koyon̄a yoŋ gidiye yoŋ urinniye.

III GANI MASARAA NÎ

Gani Masaraa nî alle guru lo koy Masaraa i gani îni inda gi mo de ninda ye, kaa kanaa kâddur de ûre, yagu wâkit wara gu nosgi kûyye.

Masaraa tuu i ser-de ganii îniŋam ninda ye, tuu du sutuṉ tuu mbo rûgurtarnu ninda ilawo "Masaraa Hoch" uriye, hâgudu Masaraa sutuṉ tuu mbo rûgurtarnu nindanda ilawo du "Masaraa" de uriye.

Dar Masara ti Dar Maba molo saba nûkasi ye, hâgudu Dar Fur molo du garbi nîliŋe ye, hâgudu wâsikandi to joo mbîri mbo efereye, cukankandi to du joo aya mbo efereye. Masaraa i kaa cukani yande, wala dortola yande, ṉuri-ṉuri na ye, hâgudu fariŋi îni du ililibaye.

Dar Masaro tiro lardi ta ja gu bûri kaŋ mbo osiŋaye:
1) Dar Masara sene 1874 ma tû-kede saltana Furta nîŋam tinda ilim
2) Dar Masara saltana unduŋa molo sene 1874 gô do sene 1922
3) Dar Masara sene 1922

Dar Masara sene 1874 ma tû-kede saltana Furta nîŋam tinda ilim

Furta nîŋam tinda ilim, Dar Masara ti kûcaŋ tîle nûkindirni ye, yagu ti sutuṉ-sutuṉ kinjinjirin mâlikta mbo dalaje mbo de ne inderniye. Yagu lardu kaa kooy osgu igerniye, hâgudu ganii mbara niṉiŋira ye:
a) Caki Dar Mabo nâbaŋina gi, "Saba nag" uriniyere, ti agit saba na gi taŋ koroo mo yere, lardi to osiniyere, Tirja Dar Maba molo

saba urinniye, hâgudu muta kanaŋ du gani Masaraa Hoch urinni, mutu ken ko dar Bero fâŋin, hâgudu dar Ruŋa nîg fâŋin, hâgudu dar kaa Karaa ira nîg nâbaŋina ye.

b) Caki Dar Fur kanaŋ nag, tiro "dar Garbi" uriye, dar Garbi ti koroo mâkdum taŋa mo yere, lardi garbi na gu Tirjo Dar Fur urinniye, yagu caki muta na gu lardi to nosgi kûyyendiye, yagu Masaraa ilawo Masaraa Âmbus urinniye, hâgudu nîdirana ilawo Masaraa urinniye.

Dar Masara saltana unduŋa molo sene 1874 molo gô do sene 1922 ilim

Dar Masara ti saltana taŋa wî 1875 lo 1922 molo gô do unduŋaye, ilim Masaraa Dar Maba molo sabam lardim nindirniŋa ila, âmin-âmin koy mîdiriye madaldi Asuŋa uriye.

Hâgudu Masaraa Dar Fur molo lardi garbi na gim ninda wî wan, Dar Jabal ta nî gi wan, "Jabal Mun" hâgudu Dar Ereŋa wan, wî kooy Dar Masara mo de ye. Yagu lardi sutuŋ nî gi de teneŋeŋeraye.

Dar Masara sene 1922

Dar Masaro sene 1922 lardu îŋa, hâgudu dar Cadko dôlo ena ilim, Dar Masara ti Dar Jabal noŋ Dar Aboje noŋ, hâgudu Masaraa garbi mâkdumko nenee wî wan, hâgudu Masaraa muta na wî wan, hâgudu gani Siŋarta nî gi wan, hâgudu madaldi Kajje todorona wî noŋ, madaldi Âzzum Mâgurura do todorona wî noŋ, kooy Dar Masara ta saltana mo de yere. Yagu saltana Dar Gimir taŋa wî saltana Dar Masara taŋam kûde de ye. Yagu darje îniŋa nenerniŋa ye.

Lardi Dar Masara ta

Lardi Dar Masara ta garbi na gi ndâŋa to rî hille Jîmeza Haraza Aboje nî gi molo ndâŋin, muta do hille Gûndo Masaraa nî gi do kar, hâgudu garbi dollo Mâraritta nî lardi gu do Gargire wo kar, lardi Mâratiṉ mbo Aboje mbo ene gi do kar, gani kuma Turane ta gi do kar, hille Melle Aboje nî gu tîŋar, hâgudu kuma Jûlo Aboje nî gi do kar, muta garbi nanjaŋ, madaldi Ab-Geleṉ nakakare gim kar, lardi Aboje nî gu tîŋ, madaldi Ab-Geleṉko rucu âlo lo ko garbu ken, Giles ko nanjaŋ, Ûrkulu ko Lutok ko Kere ko Kâwde ko, hâgudu Loŋge madaldi Hamare ko, kûmaci Loŋge taŋa ila tîŋ, lardi Maba nî gu tîŋ, lândir sabbu ken lândir Fôje ko Chokoyo ko Coŋgore ko Kodolok Kendejem ko, hâgudu Kâŋgur ko Chîchi ko Kûrbulaŋ ko Tîrke ko Gunjare ko, Hajis ko Dûd Kunjara nî gim ko Rataye ko Matarude gani Am Ndam tam ko Nagire ko, wî kooy lardi Maba nî mo ye.

Hâgudu Gôs Laban Maba mbo lardu ko, Nagire ko Âbakar ko Âb-Dum ko Âb-Lêla ko, wî hilleṉ Kûrŋgulaŋ nîŋa ye, gani Am Ndam ta Aboje do ko, hâgudu Bereje mbo du lardi îni Dôroti ye. Hâgudu nanjaŋ Kamaraŋ wakaye, Kamaraŋ ili du i kooy Masaraa Kunjara mbo Maŋgire mbo ye, lardi îni du Lâyna Sisi lo Bede nokoṉoŋa ye. Hâgudu mutu ken Dar Berem naka ye.

Kanaa wîwo kooy nûrana gi mîyar Mahamat Ibrahim Bakhit, mâlik Hassan Ibrahim Hajar Hadid na gi ta tîyar lo tûranaye. Tûrana gim, kaa kâddunjar mbo sona mbo kooy oŋoṉina, sininta baka nene gi 70 ye, hâgudu i kâddurkandi îni gi 80 ye, i Abdalla Habaddin ta da tîya gim kalawam waraye, sene ili 2007 aye 4 jo 15 ye.

Yagu lardi caki rî do Dar Jabal ta lardu naka gu, tiro kaa kooy osgiye, hâgudu Dar Gimir ta mbo ye, hâgudu ndâŋa ta gi muta garbi Kûdari mbo munje lo rîtu ken naka ye, Kuma Mun molo saba do. Ti Dala Daga ko, Kach-Kach ko, "Om" Jabal Mun mbo rîmil ko, Dar Jabal ta nî mbo, Dar Tamaŋ nî mbo rîmil garbu ken naka ye.

Lardi Dar Masara ta saba do nag Arkala tûrana, gani madaldi Bare molo saba dol ko, kuma Kono wo nâbaŋina ilu, Masaraa i "Gani ili mîni ye" ire, yagu lardi ilu gani to nosgi kûyye. Gani ilim, hassa hilleṉ Masaraa nîŋ kâddunjar lo ninda ila koy gani Masaraa nî yoŋ nândayi kûyye. Masaraa gani ilim ninda ila Chartawi Furta nî gu ûrci-de hâkkuma Mâhdi tag koy taranniye.

Lardi gu osiŋa gu, madaldi Bare tândaŋina molo kurnaŋ gani Kûl-Kûl ira gi mbo munje tîŋar, Âzzum ko gani Mâgurura ira gim ko, garbu ken Forboroŋa ko, madaldi Âzzum mbo madaldi Kajje mbo îdirana gu do ko, rîtu ken ko madaldi Charoŋ taka.

Madaldi Charoŋ gi du madaldi Kajje mbo Âzzum mbo tîran madaldi Charoŋ ûkaye, in ken Dar Masara ti hassa tinda gi noŋ de tûka.

Dar Masara gani tûkasi gi, caki gani tamalaŋa Âmulmul nibiya rî lo muta na gi, 12 lo 15 acalta[35] idaa nî gi ye, hâgudu caki cukaŋgi saba lo garbi nibiya gi 21 lo 23 acalta idaa nî gi ye, hâgudu ti njira cukaŋgi Gîrintich ira saba lo, garbi nibiya gi molo saba do ye.

Dar Masara gosinja osiŋa gu, ti bûc tande, murabba yande, yagu ti njuluta ye. Caki rî na gi du rîtu ken sabu nena ye, in ken cukankandi ta gi rî lo muta 140 "mel"[36] ye, hâgudu dortolkandi ta gi du 30 lo 70 inko ye "mel"ta, in kenu kûṉii taŋa 7000 lo 7500 "mel" namalaŋa ye.

---

35 Acal ira gi ti darje mâwiye ye.
36 "Mel" ira gi ti 1600 mitirta tene.

Masaraa ganii inda wî

Masaraa i Sudan mo ganii kâddur mo inde, hâgudu i Bar Cad ta gi molo garbi lo, dar Habach mo lardi saba do na gim nateg koy indaye, hâgudu Masaraa Cad mana wî, hâkkuma mbo nâyirii koy kâddur ye, hâgudu Guranko koy kîjim nenenniŋa kâddur yere.

IV SUTUŋ MASARAA NÎŋA

Sûtuŋ Masaraa nîŋa dûsuŋ îniŋa mbo

Ibrahim Yaya Abdarahman ŋgo tire, "Ama dûsuŋ wî adoroni gu nîyembo aymirna, hâgudu sininta 15 molo ando, kaa jimsiyeŋ kaawo nda nude wî awun ambena, dûsuŋ 100 ândiŋara. Yagu dûsuŋ sina, dûsuŋ kâddusar wî molo nîŋara wî tuu annde, hâgudu Masaraa garbi buhayrat Cad lo saba dar Habach mo, alle kûyyo, gim andayan koy ti fira ye. Hâgudu dûsuŋ wî awun andena kûyyenden tuu arkinde ama annde gi noŋ" in tîrnaŋa.

	Mirsi sutuŋ nîŋ	Ganii îniŋa
1	Âbidaŋ Marase	
2	Âbunaŋ Dûsuŋ îniŋa: Abiyat, Gamarkuŋaŋ, Tîlib, Dîlab	Maŋgalali, Hâbila Kejeŋgese mbo Hajilija mbo munje ye, Amndokon
3	Âfundaŋ Dûsuŋ îniŋa: Sâbun, Musa, Aba, Tûka, Minjaŋ, Âmunaŋ, Âbunaŋ. Hâgudu Macaŋ mbo Âjumaŋ mbo Mirkiriŋ mbo Miniki mbo koy dewan îni tîle ye.	Âfunde hille kâddi, Kondobe, Tachafa
4	Agaraŋ	I Surbakal, Jûro, madaldi îni du Kârchalfil ye, kuma îni du Sîrime ye.
5	Agumaŋ	Sîdag, Salka, Galala, Agume, Rûkka, Âfunde, Fâkije.

6	Âjumaŋ Dûsuŋ îniŋa: Bataran, Keŋa, Dûduŋga, Gagura, Ûrta, Bar, Aba, Haj, Neles, Kâbinaŋ, Basko. Hâgudu Soroŋ, Maŋgire, Kunjara, Âfundaŋ, Marnaŋ, Komore, Jâbunaŋ, Kûsube wî mbo dewan îni tîle ye.	Bîr Tebit, N̲ûri, Dasa, Kôloldiyo, Tûnfuka, Magarse, Îriji, Ândiwen, Keŋa madaldi Kana, Mabaruka, Mestere, Kîrendik, Nadara.
7	Ajuro	I kuma N̲umuri nî gi mo ye.
8	Âmburcuŋ Âmburcuŋ Dûruŋga ira wî i dewan îni Mâdaraŋ mbo Mînjiri mbo Bâruŋ mbo Âfundaŋ mbo Foroŋ mbo Soroŋ mbo Ûraŋ mbo ye. Hâgudu dûsuŋ îniŋa du Matache, Dalme, Âriyal, Sâyid, Ramala, Umar, Majagaraŋ, Katul, Kâkariŋ ye.	Ûyor, Kenndere, Kîrendik, Firche Tachafa nî gim koy ganu nene ye.
9	Âmunaŋ Dûsuŋ îniŋa: Âmburcuŋ, Mbâri, Kûmuchaŋ, Tûkundaŋ, Kûdurnaŋ. Hâgudu Âfundaŋ mbo Macaŋ mbo dewan îni tîle ye.	Kûrbe, Âbu-Nayima, Mâzarug, Hachaba, Tifiriri, Tumtume Adire molo rî nag 40 km, Zayina, Gûndo, Sildi, Haracha, Tûbo.
10	Aŋgoloŋ	I Mogorne ye.

11	Aŋgorloŋ	Hille îni Tûmi ye, inta mbo Jimiya mbo ye.
12	Araŋ	Gani îni Hijer ye.
13	Âriṉaŋ	Ida Sayal, Tîkirŋgo, Kuŋga, Rose, Kîrendik, Mugchacha, Mâzarug, Hajar Cad mo Adire molo rî ye.
14	Asuŋaŋ Dûsuŋ îniŋa: Kunar, Bûtuk, Gântur, Silik, Nahas, Kunjuldaŋ	Jâbun, Ûturi, Negere Hâbila Kenjeŋgese molo rî, Kâmaliŋ, Âbu Dâyiye, Dâgajuro, Liliŋgi, Dalmaŋa-Amkaruba, Dôroti, Rijil-Nabag, Châtag, Gâdir, Tuga rî, Tândalti, Sildi.
15	Âwurnaŋ	
16	Bâruŋ, Sûgur-Goṉ, Dûsuŋ îniŋa: Senten, Sambu	Gani îni Âbun ye, dala îni du Mestere ye.
17	Dîrimbaŋ	Hille Mariyo, Fôji, Kûka
18	Dîsaŋ Dûsuŋ îniŋa Baraŋgar, Kuturŋga, Batan, Âmbul, Âdilim-goṉ, hâgudu ka daṉa Mûtu taŋ, Jurab, Andun, ka Dîse taŋ, Kileb, Fachir, Binadi, Kerteŋ, Jabir, Hamndun, Sika, Munjaŋ.	Hajar Hadid, Adire, Gilane Cad tag, Dîse, Gûbe, Giriri, Uchura, Dambusa Jagit, Milebide, hilleṉ Tûkul-Tûkuli lo koy, Boro, Njalate, Hachaba, Gâdir, Biske.
19	Dôlkoyoŋ	Kîrendik, Njocoke, Wadaṉala, Terbebe, Ndîta
20	Fartaŋ	

21	Foroŋ Dûsuŋ îniŋa: Sâbunaŋa, Saman, Jamaŋa, Tabit, Argat, Ramadan, Alim, Kîja, Jadide Kuma Furŋgi, Gâdir, Jama, Sâbun, i Tûnji mbo Mâdayne mbo ye. Fârigta, Zâwiya, Kâruba, Gos Kâdarug, Terbebe, Kîja, Tabit nira wî i helu Dar Bere molo Abu Sogo lo Dûrti lo Lâyuna lo ye.	Dar Ŋôre mbo nîdirana wî i Tûnji, Jadida, Gâdir, Zâwiya, Kuma Furŋgi, Tare, Atamar, Bakhad, Amchidere, Mâdayne, Dîliso. Hajar Bakhad ti Gôndoroŋ molo garbi nûkasi ye, hâgudu Terbebe wo nûrci mbo ye.
22	Fûkuṉaŋ Dûsuŋ îniŋa: Sar, Arasaŋ, Mûrtaŋ, Nûtkum, Sakinaŋ.	Kuma Fâkum, firchekandi Kododol ta Gereṉeŋ nî Mahamat Yakub Rîzig, firchekandi Tabarig ta, Tândalti, Dîliso, Naga, Di, Zâwiya, Nîso. Hâgudu bûga îni gani dala îni tinda gi Kâdo ye.
23	Gafaraŋ	Abu-Dâyiye noŋ Joroko noŋ i ka Basi taŋ, hâgudu Harun Lâyimun, Nîndaŋ, Cheka.
24	Gamaŋ Dûsuŋ îniŋa: Jâmus, Âdilim, Asab-goṉ, Sarab	Dar Game Hâbila Kejeŋgese, Kuŋga Haraza, hâgudu Cad mo du Forkunjune, Nîl ta, Nugurme, Tembeli.
25	Gereṉeŋ Dûsuŋ îniŋa: Ûrut, Simbil, Dûllaŋ, Salame, Asumaŋ i du Dawe ye.	Cad mo Surbakal, Tôŋgori Kuma Gereṉe noŋ ye, Dîrijel, Jinene.
26	Gireseŋ i Komorem waci.	Bîdine noŋ Gonja noŋ i firchekandi Yaya mbo Musa Achigar mbo ta me ye. Hille Âbuluk molo saba i Komore ye, Gôs-Banat, Gûndo, Âmbikali ye.
27	Goṉkakaŋ Dûsuŋ îniŋa: Mile, Sade, Kokomi, Kâkaru.	Chabaki, Arafa, Furwali, Tututam, Joroko, Surbakal Cad mo ye.

28	Goṇ-Mûraŋ	Dûwed, Naga, Hâbila-Kanare. Hâkura îni du Adire ye.
29	Gufa Sîmbirkiṇ îniŋa dûsuŋ Terab mbo Tom mbo ye.	Mestere, Aram Tandala, Tulus, Hâbila Kanare, Âbulug, Aṇate, Kaṇimeje.
30	Gurambaŋ Dûsuŋ îniŋa: Âturun, Tana, Tâmbul.	Lamandi, Silika, Naganjo, Dîra, Andarboro, Sîdag lo madaldi Sayya kase mana gi molo gani Ker Wajid ye.
31	Iyala I Masaraa ye yagu i kanaa îniŋa ûre ene.	
32	Jâbunaŋ Dûsuŋ îniŋa Jâmus mbo Aba mbo ye. Hâgudu Âjumaŋ, Âmburcuŋ, Mestereŋ wî koy dewan îni tîle ye.	Ganii îniŋa Adire molo rî, Bîrega, Dûrti-Jâbunaŋ, Bûre, Tândalti, Tumurne, Ndîta, Mogorne, hille Fârig, Tôŋgori, Jâbun.
33	Jerkereŋ Dûsuŋ Hasaballa-Goṇ, Bûkur-Goṇ, Sallum, Mundi, Tonoko, Dîdi, Gâmurkuṇaŋ, Asabalaŋ	Gûrum, Atamar, Gûŋgur i heluŋ Cad mo de ye.
34	Jibirnaŋa I Jimiya mbo ye, hâgudu dûsuŋo îni Mestere ye.	
35	Jimiya, Foroŋ	Kunjuldi, Bare, Koboska
36	Jûrnaŋ	Bûre, Jûrnaŋ, Kîrendik, Hijer
37	Kâdakaŋ	I Jârku ye.
38	Kâkaru I Goṇ Kakaŋ ye	Jîna, Kîrendik, Hâbila Kanare ti dîŋgar îni ye.

39	Kariyaŋ Dûsuŋ îniŋa: Jarab, Bataran, Jâmus, Matar, Gândul. Sutuŋ tuu inta mbo îrmila wî: Âmunaŋ, Tegereŋ, Asuŋaŋ.	Kariye, Kîrendik, Jûrnaŋ Sudan, Dulle, Kâdo Cad
40	Kârmbaŋ	Bûre Kârmbaŋ
41	Kasabaŋ	Arara, Dâŋgajiro, Sînje ti Cad mo ye
42	Kâsaraŋ	Kîrendik
43	Kâyidaŋ	Amndokon
44	Kayilaŋ	
45	Kenndeje Abduruk, Fâkum naya ye.	Mirayat Kîrendik mbo munje Dar Fur molo du rî ye.
46	Kenndereŋ	Hachaba Koro, Kenndere, Ndîta, Sisi, Wîrkiche
47	Koboroŋ I Kobore ye.	
48	Komore Dûsuŋ îniŋa: Jumar, Ŋarmaŋ, Sâbun, Koboroŋ, Rejeb mbo Tonortoŋ mbo, Tachafa, Bîyara, Jâmus, Machafaŋ. Hâgudu Kusube, Kasabaŋ, Lere, Gereṉeŋ, Khuzam, Dîsaŋ, Tenjereŋ, Âjumaŋ, Ûraŋ mbo wî koy dewan îni tîle ye.	Aram Tandala, Tachafa, Kîrindaŋ, Bîyara mbo muta inta mbo gê nolona wî: Âjumaŋ, Jâbunaŋ, Mirkiriŋ, Âburundi, Bîr Tebit, hâgudu Adire molo muta.

49	Kunjaŋ	
50	Kunjara Dûsuŋ îniŋa: a) Âdukaŋ, Andaŋa, Ûlaŋ, Kobosoŋ b) Sagar, Tachamar, Chekh, Matiŋ, Kobosoŋ c) Lûkaŋ Dewan îni du Dîsaŋ, Tegereŋ, Ṇumuri.	Dasa, Jâbun, Ker Wajid, Ifene Cad. a) Ganii îniŋa: Arara, Dâŋgajiro, Sanambe ti Cad mo ye. b) Ganii îniŋa: Ambiliŋ, Dasa, Ker Wajid, Kideda. c) Gani îni Fayge ti rî-garbi Hâbila Kenjeŋgese molo.
51	Kûnjuldaŋ I Asuŋaŋ Dalam, Jâmus-Goṇ ye.	
52	Kûrbulaŋ	Dûwed mbo Gireda mbo ye.
53	Kûrŋgulaŋ	
54	Kurtuŋa	
55	Kusube Dûsuŋ îniŋa: Tachamar, Siyam, Haj, Chekh, Fame, Dime, Tom, Jîgir, Nârji, Jamal, wî koy dewan îni Kasabaŋ mbo Âjumaŋ mbo ye.	Gani îni Asuŋa ye, kaa tuu du Arara ene. Ganii îniŋa: Arara, Charaw, Bîr Tebit, Mestere kaṇaa ene (kaṇaa îniŋa du Dâbbe, Mahmudi).
56	Lere Dûsuŋ îniŋa: Rûju, Jafal, Masmud ti kana nasa ta gi Machmud ye.	Libiri, Joroko, Arara, Kuma Gadi Namun tag.
57	Lisaŋ	Murne, Lise
58	Lîminaŋ	Gani îni hille Lîma Kîrendik na gi mo ye, hâgudu Sultan Tûrkucha taŋ tunuba ye.

59	Macakaraŋ I dewan îni Macaŋ mbo ye.	Agaŋ, Gelu, Tamurne, Asuŋa
60	Macaŋ Dûsuŋ îniŋa: Kutur, Kâkirnaŋ, Chadaraŋ, Dîlmaŋ Umar, Âdilim, Machje, Tûkulaŋ, Ramalla, Katil.	Sâwe Tulus mo, Âfande, Ûrbe Âtite ti Mestere molo garbi ye, Tîre Kojojoma, Matache, Âbu Dâyiye, Bare, Marli.
61	Mâdaraŋ Dûsuŋ îniŋa: Sadan, Jîmel, Tukuli, Sadag. Dewan îni Macaŋ, Mûrlaŋ, Foroŋ, Faraŋ, Lîmaŋ, Âriṉaŋ, Kariyaŋ.	Gûraŋ, Hille Tîri, Kîrendik, Duduŋgusa, Hâjilija, Hille Fârig, Mestere, Hajar Hadid molo muta, Tumtume, Kuburaŋ
62	Magaraŋ	
63	Malmataŋ	
64	Mandara	Bede, Hajar Jâbuk, Korŋgoṉog, Tâjuna kase manag
65	Maŋgire Dûsuŋ îniŋ: Tatur, Hassan goṉ, Jobo, Mînjirnaŋ, Diyab, Kusube, dar Sâyid mbo Kase mbo hâgudu Fatur, Ûrdi, Fasalaŋ, Gamar-Goṉ. Dewan îni Mirkiriŋ, Maŋgiriŋ, Mestereŋ mbo ye.	Ganii îniŋa Bede mbo Tîre mbo ninda ye. Hâgudu Mestere du dimilijta as ene, ganii îniŋa du Bîr Dabuk, Kamaraŋ Cad dûmi îni ye, hâgudu Tûkume ti kuma îni lo Cad mo Surbakal ninda ye. Hâgudu Gireda Dar Fur molo rî na gi ye, Hâbila Kanare, Jâbun Dîri. Hâkuraŋ îniŋa Bede, Terbebe, Kamaraŋ, Mestere, Gireda, Hâbila Kanare, Bîr Madina, Kîrendik, Haskinita, Chadar, Toto, Jâbun, Tîre.
66	Maŋgiriŋ Dûsuŋ îniŋa: Kûjuki, Wâlis, Najaŋa, Sâkinaŋ Ṉiriŋ	Wâygo, Caki Tândalti ta, i dumi îni Gireda ye, Maŋgire mbo gê ninda ye. Hâgudu i Adire molo rî Tumtume ninda ye.

67	Mara	
68	Marase ka Yaya Koskos taŋ ye.	
69	Mataraŋ	I Kuma Tare ye.
70	Mâratin̠ Dûsuŋ îniŋa: Dûlo-goṉ, N̠iri, Chigiri, Kûjuŋgur. Dewan îni Asuŋaŋ, Kûrŋgulaŋ mbo ye.	Kûjuŋgur, Kûka, Rafida, Bîr-Saliba, Âbu Suruj, Bîr-Tâwil, wî lo hâkuraṉ îniŋa ye.
71	Marfa I Bôrgo mbo nûn̠ana ye, hâgudu Muro koy inta mbo ye.	
72	Mereŋ Dûsuŋ îniŋa: Sami, Sani, Naga, Munaŋ, Anndarab.	Asirne kaa Haj Chiger taŋ, Jâbun, Kuma, Haraza, Sildi, Tîre ti Cad mo ye.
73	Merneŋ	Kon̠ose, Allamarga, Sândi Koro, Kûku Manda, Âbiŋga-Gino, Hille-Zagawa, Hâbila-Bede, Bede, Korkoriye, Gondoroŋ, Kuŋga-Jabal-Sarir, Todorona, Nagali, Nadara, Kharuba, Adide, N̠ûri, Gândari, Adalata, Kon̠ose, Dar Kerne, Jabal Kono, Gokor, Koro, Hachaba, Kondola.
74	Mestereŋ Dûsuŋ îniŋa: Jode, Jodan̠a, Matar, Beden̠a, Kôboroŋ, Âmburcuŋ	Gôs Gâduruk, Âbuluk, Mestere Kase, Gokor, Mestere Bûga, Terbebe, Kôndoli, Hajar Sileman (Âdilim-Jâmus)
75	Metermbe Dûsuŋ îniŋa: Hamid mbo Tabit mbo ye.	Ganii îniŋa mbo hâkuraṉ îniŋa mbo gani Albas ira Cad mana gi me ye, hâgudu Sudan mo du gani Kino Sudan mana gi me ye.
76	Migimsa	I Tûre lo hâgudu Bûre hâgudu Jinene molo saba ye.

77	Miṉiki Maŋgirta i ganii îniŋa Cad mo ye. Dûsuŋ îniŋa: Jide, Subag, Giren, Malik, Sali, Fatur, Hasaballa.	Ŋgobe, Daŋkaj, Dâŋgaje, Joroko.
78	Mînjiri Dûsuŋ îniŋa: Abdulgadir, Sileman, Hândal, Sâbun, Jasir, Turmundaŋ	Fora, Himeda, Mesmeje, Kâṉti, Mûkute
79	Mirkiriŋ Dûsuŋ îniŋa: Jamegoṉ Margaraŋ, Kûdusaŋ, Âturun, Ardeb, Bûre. Dewan îni Maŋgire, Maŋgiriŋ, Tâchurkuraŋ, Kâkaru, Komore, Tenjereŋ.	Usure, Wadaṉala, Âburundi, Tâni, Kôbore, Bûruŋguru, Jinene caki muta dollo nag, Tarcana, Safari, Garkuṉo, Amndokon. Hâkura îni Jumal Sûgu Dar Bere Cad mana gim, hâgudu Sudan mo Dar Fur mo ye.
80	Mîrnaŋa	I Acamara ye.
81	Morloŋ Dûsuŋ îniŋa: Achigar, Ambari, Tumur i Mûruŋ Baŋge ye, Sâyid, Nur, Fudi.	Hille îni Murle ye.
82	Mura	Am-Uch, Tachukuraŋ, Kâlmakarika, Hajar Leben, Ârmuraŋ, Fagas, Asuŋa, Kîrendik molo garbim.
83	Mûraŋ Dûsuŋ îniŋ: Jâmus, Aram	I Kuma Furŋgi mo ye. I sutu ye, kaa cukani lo mûgula ye.
84	Murga mbo Marfa mbo i ûwa îni tîle ye, i Gereseŋ de ye.	

85	Mûruŋaŋ Jaba-goŋ Dewan îni Surbaŋ, Mestereŋ, Âmburcuŋ, Mûrlaŋ, Ṇerneŋ.	Kîrendik, Aguṇaŋ, Kurca-Turmunuŋ, Meleli-Marli, Dîrimba, Alache Cad.
86	Mbâri	I Kamalaŋ ye. I kaa daṇa Kîya noŋ Jime Nagarji noŋ Sileman Dûŋgursuk nîṇa ye.
87	Nayiŋ	I Abu Dâyiye lo kuma Dîri lo ye.
88	Ṇerneŋ	I dûsuŋ mâri nârcana ye, ila i: a) Siger noŋ Âbus noŋ Gonti noŋ Doŋga noŋ Dâŋgisaṇa noŋ, i dûsuŋ tur lo dalakandu Koṇose nene ye. b) Agaraṇa, Salaṇa wî dûsuŋ nene gani îni ili Nagale ye. c) Marbe i dalakandi îni gi Bare ye, i ka Abdalla Atim taṇa ye. d) Kerne dalakandi îni gi Sûgu ye. e) Âroŋ kuma îni Âre ye. f) Fatarŋgi Tandanara noŋ Âriŋgi Tandanara noŋ, gani îni Namagay Bare ye.
89	Ṇumuri Fôji	Magarse, Wiresa, Kûburi, Ichbara Gôs, Wadi Hamra ti Cad mana Âsoŋgur ta mbo lardu enegiye.
90	Sataŋ intawo Aŋgorloŋ ûrci iraye	
91	Sîrmaŋ	
92	Sîrmbaŋ	
93	Soroŋ mbo Foroŋ mbo i koy tîlo de ye. Dûsuŋ îniṇa: Abudaŋ, Kâdijaṇa, Chârif, Hachaba.	Mejmere, Terbebe, Ker Wajid Cad, Ndîta Korbo na gi noŋ Mâdayne noŋ i du madaldi Bare ta gi mo ye.
94	Surabe	
95	Surbakalaŋ	Kondobe, Tabarig, Surbakal
96	Surbaŋ, ti de kâddi ye, tiro molo tuu dûsuŋ kû îṇa.	Bûre, Kîrendik, Amndokon, Galala, Fajara, Jokhana, Cad

97	Tandaŋa	I Mînjiri mbo Tenjereŋ mbo olona mo ye, kuma Kûjunuŋ Kase me ye.
98	Târsumbe I ka Chek Yusif taŋa ye. Dûsuŋ îniŋa: Asuŋaŋ, Nimin, Jâmus, Tôr ye.	Tulus, Sûgu, Noye, Tûnfuka, Gûndaŋ ti Cad mo ye.
99	Tegereŋ	I Kariyaŋ mbo lardu ene. I kaa Abdulaziz Hilu taŋa ye, ganii îniŋ: Dar Tegere, Tîrti, Leriya, bûga Jinene molo rî ye.
100	Tenjereŋ	I Njalate molo rî do ye, i ka Fâki Charfaddin taŋa ye.
101	Tînaŋ Dûsuŋ îniŋa: Argat, Fagir, Sakiŋ, Bargari, Kûmba	Hajar Hadid Cad mo Macaŋ mbo gê ye.
102	Tîraŋ	I Biske mbo Adire mbo olona mo ye.
103	Tonortoŋ I Komore ye, hâgudu Goṉkakaŋ mbo koy ye. Dusuŋ îniŋa: Jâmus, Gamar, Jamaŋ.	Âsumuluk, Dûwed garbi, Kâskidik, Kûka, Dûrub.
104	Tôroŋ Dûsuŋ îniŋa: Maraban, Sibiyan, Muse, Kennde, Achagar.	I Mestere kûde ye, Mâbarike, Kume ti Tîre ye, Derende, Barde.
105	Tûraŋ Dûsuŋ îniŋa: Dôr, Jabir, Âsad.	Mogorne, Fârikta, Mbimbice, Fôji, Sildi Kase
106	Ûraŋ Dûsuŋ îniŋa: Aba, Ṉeles, Salame, Hije, Aboye	Mâburuka, Kîrendik, Nadara, Ṉûri, Bîr Madina.

Sutuṉ Masara nîŋa saŋan todorona wî 106 ye. Yagu îwi molo koy kâddur ye, nêreŋa wîwo Mula taŋ gudura mbo tummu menti.

Bereje Masaraa

I Dar Masaram ninda ye, hâkuro înu koy nene ye, hâgudu i Masaraa mbo jîse lîrarnu rugurtarnu ninda ye. Hâbutu bakam mo yan awosondo, inta mbo Masaraa mbo saŋan neŋeŋerndiye. Hâgudu gûreya îniŋa koy masaraka de ye, hâgudu mûrnu-mûrnu tûka gim koy, i de lo Masaraa mbo kusul fariŋ Dar Masaram nundunaniŋa yere.

Âmin-âmin koy inta mbo minta mbo duŋ mûnjurindaye. Ganii îniŋa: Kûjunuŋ Kase, Kûjunuŋ Gûre, Dûwed, Naga, Fôfo, Ârum, Dîro.

Dûsuŋ îniŋ: Kûmu Kujuruŋ, Lâruke, Nîjimi dûsuŋo îni Daldokochoŋ mbo ye, Dîwed dûsuŋo Kûmu wâzir Hassan Kunji nîŋa ye. Ganii îniŋa: Girese, Fôfo, Dîro, Âruŋ, Arara, Anndoborro, Ramaliya, Kûka ye.

Îwi i ûwaŋ îniŋa Kuma Dûŋgi lo Urbe lo nârcana ye, ganii wî lo dûmi îniŋa ye, hâgudu i kaa Hassan Kunji taŋa lo Dar Masaram gidiyeŋ mâri ene, gidiyeŋ îniŋa tuu Cad mo Âbuluk ye, tuu du Sudan mo Kuma Dûŋgi me ye.

Gidiyeŋ Dîwed, Bare, Ŋuri, Njimi, Kûjunuŋ, Dîro, Fôfo, Mâmun wî lo gidiyeŋ Bereje nîŋa ye. Bereje Cad mana wî Kûku uriye, Dar Masaram ninda wî du Kûmu uriye. Yagu sâŋakar ye.

Dewan îni Macaŋ, Âjumaŋ, Mestereŋ, Maŋgire, Mînjiri, Dîsaŋ, Mâratiŋ, Âmunaŋ ye.

Firchekandiŋ Masaraa nîŋ dar Sudan mana wî

1) *Firchekandi Ŋerneŋ nîg*

Firchekandi Ŋerneŋ nîg ti dar Kerne ta gi ye. Ti firchekandi kâddi lo guri ye Dar Masaram.

Ti hukum Tûrki-Mâsari Dar Fur mo kar tay-kede lo ninda ye, sene 1874 ili molo ây dollo ninda ye, yagu tiro molo de fircheŋ tuu wî kooy eneŋeŋeraye. I firchekandi garbi na Mestereŋ nî gi noŋ, hâgudu muta na Mînjiri nî gi noŋ, hâgudu firchekandi Ŋerneŋ nî gu, tiro dar Kerne urinniye, hâgudu wâsikandi ta gi ti nîyembo wâsiye yere, hâgudu ti tindam kûde hâkuraŋ kâddur inderniye.

Firche Ṇerneŋ nî gi ti Bilal tere, dîŋ taŋam nuciceg du Nûren Kuru-Kuru Kodo Tâkija urinniyere. Yagu juri Tâkijo ta kase Melkeje ta gim, Furta nî kûjo Usman Adam Jano yaka, Masaraa nî kûjo du Sultan Âbakar taka usuruna ilim, Firche Bilal bûbuŋ luykurnu[37] ṇori ilim takinden, Nûren dîŋ taŋam nucice gi taka. Tiro firche tenjebendaye, ti de kurnaŋ taka. Ilim Firche Bilalko njûru dîŋ taŋam nucice gu unduṇa. Hâgudu tiro molo kulu Umarko ûṇa. Hâgudu hâkkoy Umar tinda molo kulu Nûrenko nda walana.

Ti tene-de, kima ta Abdarahman kurnaŋu baba ta ta ganim tuṇuṇa, hâgudu Abdarahman ta kima Adam kar, baba ta ta ganim tuṇuṇa. Firche ta gani gi du hille Allamarga uri gi mo yere, ili molo lar ken Murne bûgam wanaṇa, firche Adam Abdarahman ta mahkama koy ili mo yere.

Firchekandi Adam Abdarahman Nûren ta gi, dar Kerne:

	Hilleṇ	**Sutuṇ Masaraa**
1	Jargusere	Foroŋ + Ṇerneŋ
2	Kûkumanda	Târsumbe + Âmburcuŋ + Ṇerneŋ + Mûrlaŋ + Maŋgire
3	Sândi Koro	Târsumbe + Âmburcuŋ + Ṇerneŋ + Maŋgire
4	Allamarga	Ṇerneŋ + Mînjiri + Târsumbe
5	Ndatirne	Ṇerneŋ + Mînjiri + Târsumbe
6	Konndata	Mînjiri + Ṇerneŋ + Dîsaŋ
7	Dôroti	Fûkuṇaŋ + Ṇerneŋ + Dîsaŋ + Mestereŋ + Âmburcuŋ
8	Hachaba	Dîsaŋ + Târsumbe
9	Ûcce	Macaŋ
10	Berteṇu	Ṇerneŋ

---

37 Bûbuŋ luykuriya igi ti kaŋgi kâni kâddi hâbutu tento koso-koso wâl de nîninari gi ye.

11	Hille Zagawa	Ņerneŋ
12	Hâbila Bede	Foroŋ + Maŋgire + Macaŋ + Ņerneŋ + Mestereŋ + Âmburcuŋ
13	Kondola	Jâbunaŋ + Gereņeŋ
14	Âbiŋgar	Ņerneŋ + Kâsaraŋ
15	Korkoriye	Ņerneŋ + Kâsaraŋ
16	Kôkota	Ņerneŋ + Kâsaraŋ
17	Njalate Tembeli	Gufa + Âmburcuŋ
18	Njalate	Dîsaŋ
19	Gôndoroŋ	Târsumbe
20	Naga	Fûkuņaŋ + Gufa + Gereņeŋ
21	Gereņo	Ņerneŋ + Âwurnaŋ
22	Urabe	Ņerneŋ + Âwurnaŋ
23	Urabe Kûdo (Bîrka)	Ņerneŋ + Âwurnaŋ + Âmburcuŋ
24	Leriya	Âmburcuŋ
25	Nujutuchki	Tînaŋ
26	Gidera	Âjumaŋ
27	Tûndusa	Âjumaŋ
28	Askinite	Âmburcuŋ + Ņerneŋ
29	Istirene	Ņerneŋ
30	Tarcana	Fûkuņaŋ + Ņerneŋ + Âjumaŋ + Âmburcuŋ
31	Doforta	Ņerneŋ
32	Dofor Ŋundi (Jâdid)	Ûraŋ
33	Dofor Fur	Ņerneŋ
34	Kamkule	Ņerneŋ
35	Barakat	Kâkaru + Ņerneŋ
36	Hijer	Ņerneŋ + Ûraŋ. Yagu Ûraŋ i ka baka ye.
37	Korbo	Ņerneŋ + Târsumbe
38	Dîrese	

39	Sisi	Ṇerneŋ + Ûraŋ + Mîṇiki
40	Ambortonag	Ṇerneŋ
41	Mîndiṇe	Ṇerneŋ + Âjumaŋ + Dîsaŋ
42	Genderne	
43	Suraŋge Aboje	Ṇerneŋ
44	Bardane	
45	Nabagaya	
46	Rimaliye	
47	Hachaba	
48	Galala	Ṇerneŋ + Gufa
49	Mutukurne	Ṇerneŋ
50	Ichbarra	Ṇerneŋ
51	Murne	Fûkuṇaŋ
52	Wiresa	Ṇerneŋ (Bîr Madine) + Ûraŋ + Târsumbe
53	Mogorne	Tîraŋ + Âfundaŋ + Soroŋ
54	Mogorne-Birnatjak	Tîraŋ
55	Tôŋgori	Tînaŋ + Âfundaŋ
56	Âfande	Âfundaŋ + Âjumaŋ
57	Tâjuna	Tîraŋ + Andaŋa
58	Rûkka	Tînaŋ
59	Fârikta	
60	Bîdine	Gireseŋ
61	Sarifa	Ṇerneŋ
62	Bûre	Tînaŋ + Gireseŋ
63	Kûdumi	Tînaŋ
64	Farjane	Tînaŋ
65	Urabe Urbe	Fûkuṇaŋ + Ṇerneŋ + Goroŋ
66	Urabe Urbe Itete	Fûkuṇaŋ + Ṇerneŋ + Goroŋ
67	Ṇûri Koma	Ṇerneŋ + Ûraŋ

68	Ņûri Ajilija	Ņerneŋ
69	Ņûri Bede Aŋsar	Ņerneŋ
70	Ņûri Bede	Ûraŋ + Ņerneŋ
71	Ņûri Hille Kâwde Kâddi	Ņerneŋ
72	Ņûri Côlolo	Ņerneŋ + Ûraŋ
73	Ņûri Haraza	Ņerneŋ + Foroŋ + Târsumbe
74	Ņûri Katire	Dîsaŋ + Âmburcuŋ
75	Mejmere	Soroŋ
76	Hajar Atama	Soroŋ
77	Ârdeba Melmele	Dîsaŋ ilim firchekandu enegiye.
78	Rimaliye	
79	Hille Fârik	Âmburcuŋ + Kûrŋgulaŋ
80	Dîdiŋgaji	
81	Bakit Âwukar nag	Foroŋ
82	Sildi	Âbunaŋ + Macaŋ + Ûraŋ + Dîsaŋ
83	Ârdeba	Dîsaŋ + Macaŋ + Marfa
84	Ustane	Âbunaŋ + Dîsaŋ + Gufa
85	Côrkoldi	Tînaŋ + Gufa + Dîsaŋ
86	Kîgilo	Âjumaŋ + Ûraŋ + Âbunaŋ
87	Araza	Âbunaŋ + Gufa + Macaŋ + Ņerneŋ + Dîsaŋ
89	Konde	Âbunaŋ + Dîsaŋ + Macaŋ + Kunjara
90	Istiware	Âbunaŋ + Kunjara + Dîsaŋ
91	Rôci	Macaŋ + Âjumaŋ + Kunjara
92	Galala	Âjumaŋ + Âbunaŋ + Kunjara
93	Ņariya	Âjumaŋ + Âbunaŋ + Ņerneŋ
94	Werjek	Ûraŋ + Maŋgire + Kunjara
94	Hugune	Dîsaŋ + Âjumaŋ
95	Kûjuŋgur	Mâratiŋ + Macaŋ + Dîsaŋ

96	Haraza Ṉûri	Âjumaŋ + Macaŋ + Âbunaŋ
97	Galala Tajaw	Âjumaŋ + Asuŋaŋ
98	Tagata	Marfa + Dîsaŋ

2) Firchekandi Fûkuṉaŋ nîg

Firchekandi mbarlaŋa gi Dar Masaram rî do lo nûkasi gi kaa Masaraa mbo kaa Ereŋa mbo olonarniye, ili ti dar Fiya wo nûrci nî yere. Firchen caki ili taŋa ila i:
1) Mâlik Ishag Ndokoṉ, ti hâkkuma Tûrki mbo kadam nena ye, hâgudu hâkkuma Mâhdi ta gi mbo du kadam nena ye.
2) Mâlik Hassan Îrko 3) Zakariya Harun 4) Mahamat Ibrahim Gâse.

Sutu gi taŋ firchen tuu koy indaye, ila i:
1) Firchekandi Tachafa ta 2) Firchekandi Annur Umar.

Hille Niso ira ili alle ti taŋ baka de yere, hâgudu ti Ardamata molo muta nûkasi nî yere, gani ili du ti Fûkuṉaŋ nî kâddi Ishag Ndokoṉ ira gi tîndinasiniyere.

Firchekandi Mahamat Ibrahim Gâse ta gi, dar Fâkum:

	Hilleṉ	**Sutuŋ Masaraa**
1	Tândalti	Fûkuṉaŋ + Kasabaŋ
2	Gelu	Fûkuṉaŋ + Kasabaŋ + Tîraŋ
3	Kûrti	Âriṉaŋ + Kasabaŋ
4	Adar	Dimilijkandi Yaya Mustafa Ereŋa nî gi
5	Dûrti Muŋgache	
6	Welo	Fûkuṉaŋ + dimilijkandi Adam Âddum Fûkuṉaŋ nîg
7	Masalme	
8	Konndobe	Fûkuṉaŋ

9	Baguda	Fûkuŋaŋ + Kasinaŋ
10	Hachaba	
11	Cherchere	
12	Ndâtirne	
13	Chamich	
14	Ņogome	
15	Salafaye	Fûkuŋaŋ + Kasabaŋ + Âriŋaŋ + Kâsaraŋ
16	Jarban	Gereŋeŋ
17	Ûrbe	Fûkuŋaŋ + dimilijkandi Bendikoŋ ta gi Ishag Âli Dûden
18	Borta	Fûkuŋaŋ + Kasinaŋ + Kûrŋgulaŋ. Dimilijkandi ili du Gereŋeŋ nî ye.
19	Milebide	
20	Gije	
21	Am Sibeka Kûrŋgulaŋ	Kûrŋgulaŋ. Dimilijkandi îni du Arbab Îdiris
22	Gargar	Dimilijkandi Mâratiŋ nî ye, dimilij îni gi ti Yusif Goŋ-Furŋga
23	Tajuna	
24	Talaya	
25	Ârbukune	
26	Dûrti Zaltaya	Fûkuŋaŋ + Kasabaŋ. Dimilijkandi Jâbunaŋ nîg ti Annur Tombocha ye.
27	Dallam	
28	Bûre hille Mâraritta nî	
29	Bûre hille Tamaŋ nî	
30	Dûrti Jâbunaŋ	Jâbunaŋ
31	Dîleba hille Masara	
32	Hajar Zagawa	
33	Khachkhacha	

34	Dôroti Borno	Kasabaŋ + Fûkuɲaŋ + Kûrŋgulaŋ
35	Ichbare	
36	Babunusa	
37	Dîleba hille Tamaŋ nî	
38	Jokhana	
39	Abrom Îbet	
40	Dîleba hille Masara nîg	
41	Gelo Tamaŋ	
42	Gelo Maba	
43	Jaraf hille Mâryam ta	
44	Jaraf hille Âbakar ta	
45	Am Judul	
46	Bîr Kilab	Fûkuɲaŋ + Kasabaŋ + Kûrŋgulaŋ
47	Hille Manzula	
48	Kûrke	
49	Jokana hille Mahmud ta	
50	Jokana hille Chek Jîddi ta	
51	Jôz Jamat	
52	Simiɲaŋ	
53	Kîr-Kîr	
54	Amkulol	
55	Rahad Mâryam	
56	Tole	
57	Ârdeba	Mûllaŋ
58	Mûlli	Mûllaŋ
59	Atiya	Dîsaŋ
60	Jeta	Kâkaru
61	Njalate	Dîsaŋ
62	Daŋkuc	Miɲiki

63	Koloŋge	Kâkaru
64	Jâbun Kuma	Lisaŋ + Kunjara + Âbunaŋ
65	Jâbun Jadide	Âjumaŋ
66	Jâbun Haraza	Macaŋ + Âbunaŋ
67	Jâbun Bûle	Kunjara
68	Jâbun Halawa	Kunjara
69	Jâbun Arara	
70	Jâbun Daŋgajiro	Âjumaŋ
71	Jâbun Gûndo	Kunjara
72	Jâbun Kestere	Kunjara + Âjumaŋ
73	Jâbun Âdukaŋ	Kunjara

3) Firchekandi Mestereŋ nîg

Firchekandi kaŋgalaŋa gi Mestereŋ nî ye. Ti mâlikta (dîmilijta) taŋa kâddur yere, yagu i sutuṉ but-but yere.

Hâgudu ilim kûde koy mâlikta daraŋu-daraŋu walfinjenniye, hâgudu firche îni du Mahamat Arbab tere. Yagu tiro molo gîlaŋ na gi tîyar ta Yakub Arbab tere. Hâgudu Mahamat Arbab mbo Yakub Arbab mbo gani îni gîlaŋ na gi ti Âbuluk mbo munje hille Mestere Kase urinniyere. Hâgudu ili molo Mestere Bûga uri hassa na ilim wara.

Hâgudu mâlikta îniŋa nînaŋanniŋa ila i: Mâlik Jumma ti wâkit Mâhdi ta ilim nâyirinni ye, hâgudu Usman Jano Furta nî iliwo koy neŋelilanni yere. Hâgudu Faransiyinta mbo koy nusurunanni yere. Hâgudu Dala Nonno mbo Dala Kunji mbo i fircheṉ kâdducar yere.

Firchekandi îni gi molo de saltana Dar Masara taŋa urnaŋanniyere, Hajjam Hasaballa Fartag Mestereŋgi gi dol lo.

Firchekandi Mestereŋ nî Firche Mahamat Arbab "Nîl":

	Hilleṉ	Sutuṉ Masaraa
1	Mestere Bûga	Mestereŋ
2	Tûnndusa	Mestereŋ
3	Konndoli Base ta	Mestereŋ
4	Konndoli Haraza	Mestereŋ
5	Abusoga	Maŋgire
6	Âbota	Mestereŋ + Maŋgire
7	Kojo	Mestereŋ + Maŋgire
8	Ârdeba	Maŋgire
9	Keteltek Dala ta	Maŋgire
10	Hârunaŋ	Mestereŋ + Kulije
11	Gûndoo	Âfundaŋ
12	Ajilija	Mestereŋ + Kulije
13	Sale ta	Kusube
14	Kunjuldi	Jimiya
15	Mbûrgifilo	Mestereŋ + Kunjara
16	Kûdumule	Mestereŋ + Mînjiri
17	Dâbbe	Maŋgire
18	Tûmi	Surabe
19	Naga-Naga	Maŋgire
20	Sisi	Maŋgire
21	Kôlloŋgo	Mestereŋ
22	Barde	Tôroŋ
23	Barde	Ûraŋ + Kunjara
24	Dôyota	Mestereŋ + Âmunaŋ
25	Mâbarike	Ûraŋ
26	Kûdumi	Ûraŋ + Kariyaŋ
27	Muddata	Ûraŋ

28	Fâtagta	Mestereŋ
29	Kôŋgi	Mestereŋ
30	Todorona	Ûraŋ + Maŋgire
31	Sere	Mestereŋ
32	Tindita	
33	Keŋa	Âjumaŋ
34	Derende	Tôroŋ
35	Ajilija	Macaŋ + Âjumaŋ
36	Tûrjo	Mestereŋ + Mirkiriŋ + Maŋgire
37	Âwuye ta	Maŋgire + Âmunaŋ
38	Amara ta	Âmunaŋ
39	Kijil-Kijile	Mûruṉaŋ
40	Kurca	Mûruṉaŋ
41	Ŋarama	Mûruṉaŋ
42	Jîmeza	Mûruṉaŋ
43	Kûkaye	Âfundaŋ
44	Wereweta	Âfundaŋ
45	Gûri Fârik	Âfundaŋ
46	Gûri Bede	Âfundaŋ
47	Gûri Ṉoro	Mestereŋ
48	Abbune	Âfundaŋ
49	Kâṉimeje	Mestereŋ + Gufa
50	Hajar Jambe	Âfundaŋ
51	Terbebe	Foroŋ + Soroŋ
52	Hajar Sileman	Foroŋ + Soroŋ
53	Sa Ṉebe	Kunjara
54	Âjiji	Kunjara
55	Uṉana ta	Kunjara
56	Kerwajit	Kunjara

57	Aboje	Kunjara + Bâruŋ
58	Tîrti	Tôroŋ
59	Tîrti Amndokon	Tôroŋ
60	Dîra ta	Tôroŋ
61	Dîkiṉa ta	Tôroŋ
62	Ṉâltita Hille Kâddi	Mestereŋ + Kunjara
63	Bôṉta	Âjumaŋ
64	Bârbari	Kulije
65	Nûrkani	Mestereŋ
66	Jumata	Ûraŋ
67	Ârdeba Mâratiṉ	Mâratiṉ
68	Bara	Ûraŋ
69	Jîmeza Saba	Mâratiṉ
70	Jîmeza Nimidig	Tôroŋ
71	Korboje	Muruṉaŋ + Kariyaŋ
72	Ṉaltita Istirene	Kunjara
73	Sisi	
74	Kûrti	Maraŋ
75	Todorona	Mestereŋ + Ûraŋ
76	Kotoketa	Mestereŋ
77	Sâdi ta	Gufa
78	Hille Firche	Mestereŋ
79	Ndukure	Mestereŋ
80	Kâskidik	Lisaŋ + Maŋgire
81	Chadar Kamaraŋ	
82	Chadar Mâhdi ta	
83	Ṉoro Âdiŋgi	
85	Hille Sulaye	Kunjara + Kusube
85	Nurune	Gufa

86	Tûndusa Sibina	Maŋgire + Mirkiriŋ
87	Hajar Sileman Bîliyota	Mestereŋ + Jerkereŋ + Âmunaŋ
88	Ŋgâŋgisa	Maŋgire
89	Gûndo Daltaŋ	Âfundaŋ
90	Aroṇa	Maŋgire + Mestereŋ

Mâlikta dar Mestere taŋ firche Mahamatko nûrci wî i 20 ye:

	Hilleṇ	Mâlikta
1	Keteltek-Maŋgire	Dimilij Abdalbanat
2	Kurca-Mûruṇaŋ	Dimilij Mahamat Âdiŋgi
3	Kônndoli-Mestereŋ	Yakub Ndindi
4	Derende-Tôroŋ	Dimilij Abdarahman Âbolo
5	Tûrjo-Mestereŋ	Dimilij Rijiko
6	Mâbarike Ûraŋ	Katir Raŋga
7	Ker Wajid-Kunjara	Dimilij Âli Girman
8	Terbebe-Soroŋ	Ahmat Adam Âbakar
9	Ŋôre-Komore	Ṇôrome
10	Kunjuldi-Jimiya	Fâki Yakuba Ṇôrome
11	Ṇoro Garbi	Dimilij Diŋgila Mestereŋ
12	Gûri-Bede	Dimilij Uchar Âfundaŋ
13	Kôbori-Jumata	Dimilij Bare Mâratiṇ
14	Tûndusa	Dimilij Îdiris Baraka Mestereŋ
15	Gûndo-Kusube	Dala Îdiris Kusube
16	Bârbari	Fâki Karama Kule
17	Mestere-Mestereŋ	Dala Tacha (Mahamat Adam)
18	Âbota	Dîya Âtim Mestereŋ
19	Kôŋgi	
20	Aboje-Bâruŋ	Dimilij Abdalkarim Juma

4) *Firche Mahamat Yakub Rîzig*

Firche aslaŋa gi Mahamat Yakub Rîzig sultan taŋam dûmmo nâyirinniŋa mana yeka "Dûmmo na" uruŋaye. Firchekandi gu mirsi in ru ûŋa gu, gani tiro ûŋa gi taŋ nenee wî kâddur ye, ila i Mestereŋ, Dîsaŋ, Kariyaŋ, Fûkuṉaŋ mbo ye.

In ken wîwo toron firchekandi gu Kâlife Rîzigko ṉû, sultanko ûnurcuŋanniye. In ken kaa sultan ta taŋi mbo munje ninderniŋa ilawo "dûmmo na" urinniye.

Dar Firche Yakub ta gi nîyembo wâsiye ye, kaa ninda wî du sutuṉ kâddur ye, hâgudu darta kâddur (hâkuraṉ) ye. Firchekandi ilu tiro Kododol uriye.

Hâgudu Firche Yakub Kododol kurnaŋ Mâdayne taka, firchekandi ili ti Jinene molo garbi ye.

Firchekandi Mahamat Yakub ta gi:

	Hilleṉ	Sutuṉ Masaraa
1	Mâdayne	Foroŋ + Ṉerneŋ + Maŋgire + Mestereŋ
2	Hajar Gigite	Soroŋ + Âjumaŋ + Maŋgire + Mestereŋ
3	Abusogo	Foroŋ + Kariyaŋ + Maŋgire + Miṉiki
4	Njimi	Kariyaŋ + Fûkuṉaŋ
5	Gokor Merem ta	Fûkuṉaŋ + Gufa
6	Katire ta	Fûkuṉaŋ + Dîsaŋ + Soroŋ
7	Kododol	Fûkuṉaŋ + Dîsaŋ + Jâbunaŋ
8	Jûdul ta	Fûkuṉaŋ + Dîsaŋ + Ûraŋ + Kûrŋgulaŋ
9	Wadaṉala	Fûkuṉaŋ + Ṉerneŋ + Mirkiriŋ + Mâdaraŋ + Dolkoyoŋ + Ṉumuri + Kenndereŋ + Sîrnaŋ
10	Usure	Ṉerneŋ + Mirkiriŋ + Kîrnaŋ + Âjumaŋ
11	Siratiye	Macaŋ
12	Coroŋ	Dîsaŋ + Fûkuṉaŋ
13	Coyo	Karnaŋ + Fûkuṉaŋ

14	Mâkkada	Mâdaraŋ + Kulije + Fûkuṉaŋ
15	Agurmula	Miṉiki
16	Kûraŋ	Jerkereŋ + Miṉiki
17	Saraf-Jidad	Mâdaraŋ
18	Korboje	Maŋgire + Jaba-goṉ
19	Ṉoro	Maŋgire + Miṉiki
20	Chadar Mâhdi ta	Maŋgire
21	Chadar Kamaraŋ	Maŋgire + Mestereŋ
22	Agume	Fûkuṉaŋ + Gamaŋ + Âmunaŋ + Kunjara
23	Ajilija	Mâdaraŋ + Sîrinaŋ
24	Hille Tîri	Mâdaraŋ + Miṉiki + Sîrnaŋ
25	Dûduŋgusa	Mâdaraŋ + Ûraŋ
26	Birediya	Mâdaraŋ + Âjumaŋ + Sîrnaŋ
27	Kûrti	Mâdaraŋ + Mînjiri + Kenndereŋ
28	Teṉeŋ	Ṉumuri
29	Doŋgeta	Mâdaraŋ + Ṉumuri + Foroŋ
30	Daltaŋ	Âjumaŋ + Mestereŋ + Foroŋ + Tôroŋ
31	Kechmere	Gereṉeŋ + Ṉumuri + Maŋgire + Ûraŋ
32	Kôṉeta	Gereṉeŋ + Ṉumuri + Maŋgire + Ûraŋ
33	Kelkej	Mestereŋ + Ṉerneŋ
34	Gokor Âmunta	Mestereŋ + Maŋgire + Foroŋ
35	Achaba Kondoroŋ	Mestereŋ
36	Âbuluk	Maŋgire + Mestereŋ + Kunjara
37	Gôs Kâduruk	Maŋgire + Mestereŋ
38	Kharuba	Foroŋ + Mestereŋ
39	Kuŋga	Mestereŋ
40	Am Haras	Mestereŋ + Foroŋ + Maŋgire
41	Mestere Kase	Mestereŋ + Foroŋ + Ṉerneŋ + Maŋgire
42	Adala ta	

43	Bede	
44	Kase	
45	Konde	
46	Ichbare	Dîsaŋ
47	Dâlike	Dîsaŋ + Kenndereŋ
48	Mbâri	Dîsaŋ + Kenndereŋ + Fûkuṉaŋ
49	Tûndusa	Dîsaŋ + Dôlkoyoŋ + Kenndereŋ
50	Naddara	
51	Raŋga	
52	Bâbunusa	Fûkuṉaŋ + Kenndereŋ
53	Tore	Dîsaŋ
54	Wânji	Dîsaŋ
55	Tâbari	Dîsaŋ
56	Jarabi	Dîsaŋ
57	Dûṉuka	Asuŋaŋ + Kenndereŋ + Fûkuṉaŋ
58	Njimi Côyo	Asuŋaŋ + Kenndereŋ
59	Âdikoŋ	Âdikoŋ + Asuŋaŋ + Fûkuṉaŋ + Kunjara
60	Hâbila	Goṉ-Mûraŋ + Kûrŋgulaŋ
61	Gerreṉ	
62	Geṉe-Geṉe	
63	Ndîta	Asuŋaŋ + Dôlkoyoŋ + Kenndereŋ + Goṉ-Mûraŋ + Jâbunaŋ
64	Sisi	
65	Koro	
66	Hachaba	
67	Kenndere	Kenndereŋ

5) Firchekandi Kariyaŋ nîg

Firchekandi dar Kariye ta gi ti firche Diŋgila Charara yere.

Sutu Kariyaŋ i gani kâddi îni ta gi Faŋganta ye.

Firche Kariyaŋ nî gîlaŋ na gi Ņîdig Adam tere, tiro molo Diŋgila Charara yere. Dar ta gi du Firche Mahamat Yakub mbo hâgudu Firche Mahamat Arbab mbo, hâgudu dar Cad mbo olonam gani ta reke de ye, ti du Jinene molo garbi nûkasi ye, yagu firchekandi ti de sina ye.

Firchekandi dar Kariye ta ye:

	Hilleņ	**Sutuņ Masaraa**
1	Tîcho	Mâdaraŋ + Mestereŋ + Surbaŋ + Kariyaŋ
2	Dûda ta	Mâdaraŋ + Mestereŋ + Kariyaŋ + Komore
3	Milebide	Mâdaraŋ + Kariyaŋ + Dôlkoyoŋ + Maŋgire
4	Siratiye	Âfundaŋ + Surbaŋ + Fûkuņaŋ + Kariyaŋ + Âmunaŋ
5	Dôyo ta	Âfundaŋ + Mestereŋ + Ûraŋ + Âmunaŋ + Kariyaŋ
6	Jimmeza	Surbaŋ + Foroŋ + Kariyaŋ + Lisaŋ
7	Haraza	
8	Ânjulu ta	
9	Sarab	
10	Hille Âwin	
11	Kûrika	Kariyaŋ + Macaŋ
12	Ântisar	Kariyaŋ + Asuŋaŋ + Surbaŋ
13	Ântisar Geņege	
14	Ântisar Ņidigta	
15	Faŋganta	
16	Jirib-Jirib	
17	Gûndo	
18	Kûdumi	
19	Muddata	

6) Firchekandi Âjumaŋ nîg

Firchekandi itilaŋa gi ti Âjumaŋ nî ye. Firche ti Arbab Îsa Âddum tere. Bîr Tebit ti alle Mestere wo nûrcinni ye, yagu Mestere molo neŋeŋer Bîr Tebit nar, hâgudu Bîr Tebit lo Kuŋga Haraza wanara. Kuŋga Haraza ti Mestere molo garbi Maŋgo molo rî hâgudu Cad molo muta ye.

Firchekandi Bîr Tebit ta gi ti Âjumaŋ nî firche ye, ti Arbab Îsa Âddum tere.

	Hilleŋ	Sutuŋ Masaraa
1	Kasiye	Âjumaŋ
2	Mejmeje	Âjumaŋ + Kunjara
3	Dime	Âjumaŋ + Kunjara
4	Bâwude	Âjumaŋ + Kunjara
5	Oboke	Gamaŋ
6	Bîr Tebit	Âjumaŋ
7	Ŋâwre	Komore
8	Sisi	Âjumaŋ
9	Kûrti	Âjumaŋ
10	Kuŋga	Âjumaŋ + kaa tuu mbo
11	Kâsarus	Âjumaŋ + kaa tuu mbo
12	Meŋenu Hajar Dime	Jerkereŋ
13	Meŋenu Teŋa	Jerkereŋ
14	Dime	Jerkereŋ
15	Gunji	Âjumaŋ
16	Bakhite	Âjumaŋ
17	Arara Dîri ta	Jerkereŋ
18	Bâkure	Âjumaŋ
19	Kadaŋo	Âjumaŋ

20	Âwuye ta	Bâruŋ
21	Haraza	Âjumaŋ
22	Kuma Furŋgi	Maraŋ + kaa tuu mbo

Dar Âjumaŋ nî gim mâlikta tur ye. Mâlikta mbo dalaje mbo:

	Mirsi hilleṉ dalaje inda wî	**Sutuṉ**
1	Kuma Furŋgi Ŋâwre (Salab)	Moroŋ
2	Oboke-Dûŋgur	Gamaŋ
3	Âwuyakar	Bâruŋ
4	Meŋenu dimilij ta nî kâddi	Jerkereŋ
5	Dimilijta Bîr Tebit	Âjumaŋ

7) *Firchekandi Bede Korŋgoṉok tag*

Firche kâddi Bede Korŋgoṉok ta gi ti mâlikta kâddunjar kaŋ tene, ila i Miṉiki Maŋgo, Mandara Hajar-Jâbuk, Maŋgire Bede mbo Tûkul-Tûkuli mbo ye.

Yagune gîlaŋgu Mâlik Mâkke Yasin mâlik Mandara nî gi ye, tiro molo du Firche Ṉîndiko Miṉiki mana gi ye, tiro molo du kima ta Âbita yere, ili molo gi do dûmmo jiciriya (intigabatta) ena, Dûden Nasir Maŋgire mana guwo ena.

Hâgudu lardi ta gi du saba kanaŋ Mestereŋ mbo, hâgudu muta saba dollo du firchekandi Arara ta gi mbo, hâgudu rî dollo du firchekandi Bîr Tebit mbo, hâgudu garbi dollo du dar Cad mbo ye.

Hâkuraṉ taŋa du:
a) Hâkura Maŋgire nîg Mâlik Sileman te, dîŋgar ta Bede ye.
b) Hâkura Mandara nîg Mâlik Sâbun te, dîŋgar ta du Hajar-Jâbuk ye.
c) Hâkura Ṉerneŋ nîg Mâlik Bara Ismayil te, dîŋgar ta Ŋaliye ye.

d) Hâkura Miṉiki nîg Mâlik Abdalla Chokota ye, dîŋgar ta Maŋgo Burat te.

Firche Bede ta gi ti Dûden Nasir Arbab te.

a) Hâkura Maŋgire nî Mâlik Sileman

	Hilleṉ	Sutuṉ Masaraa
1	Bede	Mandara + Miṉiki + Maŋgire
2	Tûkul Tûkuli	Maŋgire
3	Tambaldiye	Maŋgire
4	Kurca	Maŋgire
5	Kuŋga	Maŋgire
6	Anndiriṉ	Maŋgire
7	Meremta	Miṉiki + Maŋgire + Foroŋ
8	Welege	Sârkulaŋ + Jerkereŋ + Dîsaŋ

b) Hâkura Mandara nî Mâlik Sâbun

	Hilleṉ	Sutuṉ Masaraa
9	Ginda	Mandara
10	Siratiye	Mandara
11	Kûlkute	Mandara
12	Sa Kunji	Mandara
13	Israta	Mandara
14	Israta hille Chek ta	Maŋgire
15	Hajar Jâbuk	Mandara
16	Daŋgajiro	Mandara

c) Hâkura Ṉerneŋ nî Mâlik Bara Ismayil

	Hilleṉ	Sutuṉ Masaraa
17	Am Kharuba hille Dajo nî	Mandara

18	Am Kharuba hille Masaraa nîg	Ṇerneŋ
19	Am Kharuba Khartum Jadid	Ṇerneŋ
20	Achaba	Ṇerneŋ
21	Chuchta sûg bûrti	Ṇerneŋ
22	Chuchta Safarne	Ṇerneŋ
23	Sabarna	Ṇerneŋ
24	Kase Mbeli	Ṇerneŋ
25	Kondoroŋ	Ṇerneŋ
26	Welege Hille Kawde	Jerkereŋ + Dîsaŋ
27	Bede	
28	Bede Hille Njoldoŋ	Maŋgire
29	Tarawa	Jerkereŋ + Sârkulaŋ
30	Ajabane	Sârkulaŋ + Maŋgire
31	Âwin Rado	

d) *Hâkura Mâlik Abdalla Chokota Miṇiki nî*

	Hilleṇ	**Sutuṇ Masaraa**
32	Hajar Nimir	Miṇiki
33	Ŋgobe	Miṇiki
34	Kuma Dûŋgi	Miṇiki
35	Dime	Miṇiki
36	Ṇûrum ta	
37	Andiriŋ Mûbu nîg	
38	Gidere Hille Abu Toyota	Maŋgire
39	Azurugi ta	Mandara
40	Kondola Bede	
41	Kurca	Maŋgire
42	Haraza Kulkulte	Mandara

43	Maŋgo	Miṉiki
44	Tembeli Maŋgo	Miṉiki
45	Haraza Maŋgo	Miṉiki + Âjumaŋ
46	Bûratta	Miṉiki + Âjumaŋ

8) Firchekandi Kusube nîg

Firchekandi kâddi Kusube nî Arara nag, firchekandi gi Kusube nî ye. Gani ta gi du Arara ye. Hâgudu hâkuraṉ tiro mbo nûrmana koy tene, ila i Âjumaŋ noŋ Ṉerneŋ noŋ ye. Firche îni ti Musa Karama ye.

Firchekandi Arara ta Firche Musa Karama Âdiŋgi ta ye:

	Hilleṉ	**Sutuṉ Masaraa**
1	Gidera	Mînjiri + Kusube
2	Caraw Kase	Kusube
3	Sarafaye	Jerkereŋ + Kusube + Kulije
4	Ajilije	Foroŋ + Kusube + Jerkereŋ
5	Ustane Kuma Gânji	Maŋgire + Mînjiri
6	Ustane Nole	Kusube
7	Ustane Tembele	Kusube + Mârlaŋ
8	Njalate	Kusube
9	Korkoro	Kusube + Ṉerneŋ
10	Foroŋ	Kusube + Ṉerneŋ
11	Dûluṉa	Kusube (Dumi îni ye)
12	Arara	Kusube + Foroŋ
13	Aṉata	Kusube + Foroŋ
14	Kallaldiyo	Kusube
15	Arbata	Kusube + Âjumaŋ + Kulije

16	Gogone	Kusube
17	Dîri ta	Kusube
18	Agara	Kusube
19	Njalate	Kusube
20	Mirmiro	Kusube + Âjumaŋ
21	Kase Mbeli	Ņerneŋ + Âjumaŋ
22	Hachaba	Ņerneŋ
23	Am Kharuba	Ņerneŋ
24	Chuchta	Ņerneŋ
25	Kandaru	
26	Aŋgara	Ņerneŋ + Gufa
27	Dumbari ta	Âjumaŋ + Ûraŋ + Foroŋ
28	Kandaru	Ņerneŋ + Tînaŋ + Kusube

Firchekandi gi mâlikta mbara tene. Ila i:

1) Mâlik Hibba hille Kallaldiyo ta gi ye.

2) Mâlik Arbab Arara ta gi ye.

"Gideye" ira-ken kaņa ye, kanaa dîniya taŋ hâkuram ûka yan koy kanaa nîŋ nenee lo karu ņurim lay kaawo nda orgorenniye. Hâkuraŋ nîŋ nene i: 1) Kusube 2) Âjumaŋ 3) Ņerneŋ.

9) *Firchekandi Mînjiri nîg*

Firchekandi âdaylaŋa gi ti firche Mahamat Yakub Ishak Mînjiri nî gi ye, tiro mbo nûrmaki wî, dar Fora noŋ Mînjiri noŋ, dar Gûro noŋ Foroŋ noŋ ye.

Yagu sutuŋ sona-sona kâddur tene, ila i: 1) Mînjiri-Fora 2) Asuŋaŋ-Kamalaŋ 3) Foroŋ-Guraŋ 4) Lûkaŋ-Dar Lûkaŋ 5) Bereje-Kûjunuŋ 6) Gufa-Aņate.

Ndâŋa mâlikta îniŋa wî du: 1) Sileman 2) Abdulgadir

3) Handal 4) Mima 5) Jasir 6) Nidam 7) Mahamat 8) Sileman 9) Ishak Raja (ti jaribe Sileman ta molo sule ye) 10) Yakub 11) Mahamat Yakub.

Firchekandi dar Fora ta Mînjiri nî gi ti mâlikta iti tene, ila i: 1) Kunjita Mînjiri nîg Dala Ndel 2) Kondola-Dûŋgi 3) Foroŋ 4) Dala Tûca Mînjiri 5) Dala Sûlda Gâmarkuṇaŋ 6) Kûjunuŋ Gûre Bereje.

Firchekandi Mahamat Yakub Ishak Mînjiri nî ta gi:

	Hilleṇ	**Sutuṇ Masaraa**
1	Hajar Gâbine	Fûkuṇaŋ
2	Kûjunuŋ Gûre	
3	Kûjunuŋ Kase	Foroŋ
4	Kuma Furŋgi	Foroŋ
5	Kuma Jabune	
6	Jadide	Foroŋ
7	Dôroti	Foroŋ
8	Abusogo	Foroŋ
9	Gâdir	Foroŋ
10	Atomor	Mirkiriŋ
11	Teweṇ	Foroŋ
12	Kumo Ore	Mînjiri
13	Koboska	Mînjiri + Jimiya + Gamaŋ
14	Koboska Mînjiri	Mînjiri
15	Ŋgûrumi	Mînjiri + nûrgurtarna
16	Kondola Doŋgi	Mînjiri + Komore
17	Kôṇe	Mînjniri + Bâruŋ
18	Kaṇti	Mînjiri + Gufa
19	Sisi	Surabe + Mînjiri + Gamaŋ
20	Asbure	Mînjiri
21	Ṇabare	Mînjiri + nûrgurtarna

22	Kuŋga	Macaŋ
23	Chôdiŋ	nûgurtarna
24	Kûrti	Kulije
25	Dûweliŋ	Mînjiri + Kunjara
26	Fora	Mînjiri
27	Dûrti	Asuŋaŋ
28	Zibde	Mînjiri
29	Himeda	Mînjiri
30	Suwane	Mînjiri + Gamaŋ
31	Asmuluk	Mînjiri
32	Kuchkucheta	Mînjiri + Gamaŋ
33	Îriji Keŋa	Âjumaŋ + Mînjiri
34	Îriji Erdi dole	Âjumaŋ + Mînjiri
35	Kurca Ndorjo	Foroŋ + Mînjiri
36	Mesmeje	Mînjiri + Foroŋ
37	Kâruba	Asuŋaŋ
38	Kâmaliŋ	Asuŋaŋ
39	Nabagaye	Asuŋaŋ
40	Dâgajiro	Asuŋaŋ
41	Châlluki	Gamaŋ
42	Alfayige	Lûkaŋ
43	Chakam-Chakam	Lûkaŋ
44	Hille Ârinje	Gufa
45	Nogor-Nogor	Foroŋ
46	Mâkke ta	Mînjiri
47	Nagajiki Bîdi	
48	Gamarkuṇi	Mînjiri
49	Fârik Abdalla ta	Mînjiri
50	Hille Fâki Sayidna Yakub	Mînjiri

51	Dûluŋa Jamata	Mînjiri
52	Kîŋgi ta	Mînjiri
53	Tamun ta	Macaŋ
54	Kurca	Mînjiri
55	Fârik Ârinje hille Haj ta	Mînjiri
56	Sibit	Gamaŋ + Kunjara + Dîsaŋ + Mînjiri
57	Kojojoma	Macaŋ
58	Aṉata Gufa	Gufa + Foroŋ
59	Dîlmaŋa	Asuŋaŋ + Soroŋ
60	Gûre	Asuŋaŋ + Soroŋ
61	Liŋa	Asuŋaŋ
62	Âbu Dâyiye	Asuŋaŋ + Macaŋ + Jâbunaŋ + Foroŋ
63	Kûjunuŋ Celcela	
64	Barde	Mînjiri + Dîsaŋ
65	Rîwina	Mînjiri
66	Rijil Nabag	Asuŋaŋ
67	Dîlmaŋa	Asuŋaŋ
68	Ŋâri	Gamaŋ + Asuŋaŋ + Jimiya
69	Cêrkeri	Gamaŋ
70	Cêrkeri	Gamaŋ + Mînjiri
71	Âbu Dayiyeta	nûrgurtarna
72	Dâgajiro	Asuŋaŋ + Mînjiri + Ṉerneŋ
73	Cakam-Cakam	Lûkaŋ + Mînjiri
74	Alfege Aramta	Lûkaŋ
75	Alfege Hille Kâddi	Lûkaŋ + nûrgurtarna
76	Ṉabare Kaseṉ	Ṉumuri + Âmunaŋ
77	Barde	Dîsaŋ
78	Bereŋa	Bâruŋ + Kulije

79	Tewen̰	Mînjiri + Gamaŋ
80	Jama ta	Mînjiri + Macaŋ
81	Tiŋgit ta	Mînjiri + Komore
82	Sibit	Gamaŋ + Mînjiri
83	Tâmut ta	Mînjiri + Macaŋ
84	Gâmurkun̰e	Mînjiri + Âjumaŋ
85	Gos Abulagan ta	Mînjiri
86	Ârdeba	Mînjiri
87	Kûnunari	Mînjiri
88	Temereŋa	Mînjiri
89	Mûkute	Mînjiri + Foroŋ
90	Mogo ta	Mînjiri
91	Îchbare	Ûraŋ + Mînjiri
92	An̰ate	Gufa
93	Fura Kobe	Mînjiri
94	Aja Jâmus	Mînjiri
95	Korkoro	Mînjiri + Kulije
96	Kurca Ŋgurumi	Mînjiri
97	Kurca Âŋgay	Mînjiri
98	Fârig Ârinje	Mînjiri
99	Rîdaga	Mînjiri
100	Kijil Kijile	Mînjiri
101	Fârig Usta ta	Maŋgire + Mînjiri
102	Ŋânji Kabide	Kunjara + Mînjiri
103	Ida Dûŋgi	Mînjiri

10) Firchekandi Hâbila tag

Firchekandi gi ti mâlikta koy tene. Mâlikta ila i:

1) Firche Abduljalil Ndirko, tiro molo du kima ta Chette Abduljalil kulu sininta 1956 koy taka. Firchekandi ta gi hille Îyor yere. Sutu ta gi du Âmburcuŋgi ye.

2) Mâlik Dûd Mura gani ta gi Andarboro ye, sutu ta du Gurabaŋgi ye.

3) Mâlik Gamaŋ nî gi du Kejeŋgese ye.

4) Mâlik Âsuŋaŋgi gi du Kâmalaŋ na ye.

5) Mâlikkandi Macaŋ nî gi koro îniŋa molo tîŋ Âbu Dâhiye tam tûkare. Lukkur-lukkurdi tag dîsir na gi lo ti ye:

Mâlik Gôs ti alle hakim tere. Wâkit Âbu Richa sultan Bereje nî gi, Dar Masaram gâli mbo sene 1905 kar tayi gim, Mâlik Gôsko kîbin ninje-de, Dîrijel dumi Masaraa nî gim koy tanara. In ken Âbu Richata Dîrijelko uccumaŋa. Yagu mâsik kaa sallu ige gi de têreŋa, Bereje i mâsikko koroo îniŋa mbo ûmmanto îya rînaŋ, Masaraa kîbin înje ilawo de "Kûmmani!" irnen, Mâlik Gôs du tûmmana.

Sultan Âbu Richa Dar Masaro le tîŋa, Gôs taŋ nenee wî du ti mâsikko tûmmana gu kûri tiyen, mâlikkandi molo ndisu Firche Îbedalla Kombo-Kombowo gani Âbu Dâyiye tam unduŋa.

Hâgudu ti tîya-kunuŋ, Aliyo ta Banda mbo firchekandu wândatirna, intawo leyu Koboyo Diŋgila wo gani tam unduŋa. Hâgudu Koboyo tîya, Nurta Bilal Jaga mbo firchekandu wândatirna, intawo le Bilal Barra wo unduŋarniye. Yagu lukkur-lukkurdi gim, mâlik noŋ dimilij noŋ firche noŋ marka wî kooy darje îni tîle, mâlik de ye. In ninda mbo firche gi tûkanniye.

Hâgudu mâlikta koy kâddur tene. Firchekandi Hâbila ta gi dîŋgarta tur tene, ila i: 1) Haram Kawal-Gamaŋ 2) Îyor-Âmburcuŋ 3) Andaraboro-Gurambaŋ 4) Dîlisu-Fûkuŋaŋ 5) Guraŋ-Darnaŋ.

Firchekandi Hâbila ta gi:

	Hille̱n	Sutu̱n Masaraa
1	Âbu Dâyiye	Dîsaŋ + Asuŋaŋ + Jâbunaŋ
2	Cherkere	Gamaŋ + Agumaŋ
3	Kejeŋgese	Gamaŋ + Agumaŋ
4	Haram Kawal	Gamaŋ + Agumaŋ
5	Tembeli	Bâruŋ
6	Ŋgurumi	Gamaŋ + Agumaŋ
7	Hâbila	Kunjara + Agumaŋ + Gamaŋ + Jâbunaŋ + kaa tuu mbo
8	Simmbila	
9	Îyor	Âmburcuŋ
10	Abor Masaraa	Dîsaŋ
11	Umande	Gurambaŋ
12	Sala	Mînjiri
13	Anndarboro	Gurambaŋ
14	Tarcana	Gurambaŋ + Mînjiri
15	Bororo	Gamaŋ i ganii kaŋ ene
16	Salka	Gurambaŋ
17	Sîdok	Gurambaŋ
18	Ajilija	Gurambaŋ + Foroŋ + Kulije
19	Fârig Dîliso	Foroŋ + Fûku̱naŋ
20	Dîliso Kâddi	Fûku̱naŋ + Kulije
21	Mâdi	Fûku̱naŋ
22	Nagaje	Gurambaŋ
23	Dîra	Gurambaŋ
24	Mornoŋ	Mînjiri
25	Ârom	
26	Goroŋ	Mandara + Macaŋ

27	Nagire	
28	Kechemere	Dûllaŋ
29	Kuma Kujuŋgur	
30	Asra	Gurambaŋ + Mirkiriŋ
31	Châloloki	Gamaŋ
32	Aram ta	Mâdaraŋ + Gamaŋ
33	Dar Âwin	
34	Ŋâri	
35	Ûruŋ	
36	Gûndo	
37	Rûsaŋa	
38	Gum Sakit	
39	Lumani	

11) *Firchekandi Gûbbe tag*

Firchekandi Gûbbe ta gi ti firchekandi Dîsaŋ nî ye. Bûga ta gi du Gûbbe ye. Firche Adam Îdiris Dâbi ta ganim nuṉuŋanni gi ti kima ta Barra Adam "Nagaldaŋa" ye. Hassa ninda gi du Jamal te.

Lardi ta muta na gi Forboroŋa mbo ye, hâgudu lardi saba na gi du Kînoya mbo ye, lardi ta rî na gi du Hâbila mbo ye, lardi ta garbi na gi du dar Cad mbo ye. Nenee taŋa kûde ninda wî i: Dîsaŋ, Kunjara, Ṉumuri.

Fircheṉ îniŋa wî: 1) Adam Îdiris Dâbi 2) Barra Adam Îdiris Dâbi 3) Jamal Abdujabbar.

Dalaje îniŋa wî: 1) Kunjara, i kaa Ibrahim Sâyid taŋa ye. 2) Dîsaŋ, hâkura îni Dîse ye.

Hâkuraṉ îniŋa wî Dasa mbo Ambiliŋ mbo ye. Nenee îniŋa wî Kunjara mbo Dîsaŋ mbo ye.

Firchekandi Gûbbe ta Dîsaŋ nî gi:

	Hilleŋ	Sutuŋ Masaraa
1	Ambiliŋ	Kunjara
2	Jagit	Dîsaŋ
3	Dûluŋa	Dîsaŋ
4	Dambusa	Dîsaŋ
5	Kurcha	Dîsaŋ
6	Dasa	Kunjara + Dîsaŋ + Tînaŋ
7	Talhaya	Kunjara
8	Tûndusa	Kunjara + Dîsaŋ
9	Hamnda	
10	Ârdeba	
11	Kire-Kire	Kunjara + Dîsaŋ
12	Am Kaba	Kunjara
13	Am Dâbuk	Kunjara
14	Tambali	Dîsaŋ + Fûkuŋaŋ
15	Hajilija	Dîsaŋ
16	Dokom ta	
17	Kecheker	Gurambaŋ + Fûkuŋaŋ
18	Dînjar	Gurambaŋ
19	Sunta	Gurambaŋ
20	Bandata	Gurambaŋ + Kunjara + Dîsaŋ
21	Bakatata	Kunjara
22	Ker Wajid	Gurambaŋ + Dîsaŋ
23	Tundusa	Gurambaŋ + Dîsaŋ
24	Arrabak	Gurambaŋ + Dîsaŋ + Asuŋaŋ
25	Himmeda	Gurambaŋ
26	Janna Barra	Dîsaŋ + Asuŋaŋ
27	Keceker	Dîsaŋ

12) Firchekandi Forboroŋa tag

Firchekandi Forboroŋa tag ti Firche Abdulhamid, kima Ishak Nahid Hagar ta gi ye.

Firchekandi gi, ti gîlaŋ mâlikkandi daṉa Abdalla Kîdik ta ye. Yagune sultan Masaraa nî Baharaddin ti kimiṉ sultan Siṉar ta nî gi taŋa wîwo awun tento tîkala, yagune darje Siṉar ta nîŋa wî ganii kaŋ eŋeŋere. Tu garbi Cad mo Anjireme ira gi mo ye, ilim saltana Siṉar ta nîŋa indiyye, hâgudu saba kanaŋ du Dar Masara ye, hâgudu muta na gi du Wadi Sale Dar Furko nûrcuŋa gi ye. Hâgudu firchekandi gi du ti kaa kâddur tene. Ila i Siṉarta, Bereje, Masaraa.

Alle "Mâgurura" ru urinniye, yagun Mâgurura ti caki muta Cad mo ye, ili ti Dar Siṉar ta nî yen, in kenu mirsi ila le "Forboroŋa" uruŋaye. Forboroŋa ti Dar Masaraa nî ye, nene i Hissen Abdalla Kîdik ta ye, lardiṉ taŋa du rî-saba firchekandi Kino ta gi ye. Rî-garbi firchekandi Gûbbe ta gi ye. Saba dollo du Dar Fur te, muta-garbi dar Cad te.

Firchekandi Forboroŋa ta gi ti: 1) Abdalla Nahid 2) Ishag Nahid Haggar 3) Abdulhamid kima Ishag tag

Hilleṉ wîm ninda wî i:

1	Forboroŋa
2	Tamra
3	Jîmeza Bâbikir hilleṉ kaŋ
4	Boro
5	Kajabagul
6	Hajar Bagar
7	Salmanja
8	Welege
9	Korenaŋa

| 10 | Ramakaya |
| 11 | Tayiba |

Yagu hassa na wî firchen̠ mbara ye:

1) Firchekandi Sin̠arta nîg Firche Abdulhamid Ishag Nahid

2) Firchekandi Masaraa nîg Firche Sale Sayir Abdalla

Hâgudu dalaje kaŋ na wî:

1) Dala Hassan Abdalla Kîdik te, ti Masara Fûkun̠aŋgi ye.

2) Dala Bihayra Tacharon (Dala Kamis) Dala Dajo

3) Dala Sin̠arta nîg

13) Firchekandi Kino tag

Gîlaŋgu Firche Hissen Njûkute sutu N̠umuri mana gi yere.

Yagu ti ndû tenen, nenee taŋ ndisu firchekandi ta gu kul Firche Âbu Sin sutu Matarmbe mana Dâgajiro lo nara guwo ûn̠anniye.

Tiro sultan lo firchekandu tûn̠anniyere, yagu Umnda Abdalla Banda umnda Tonoko ta gu uya-kunuŋ, Âbu Sinko firchekandi molo njûr sijin mo lun, Sileman Abdigile wo gani tam nâyirito unduŋa. Yagun nîyembo rûgurta tândaŋina, sultan tiro molo kulu Harun ta wo tûn̠a, hâgudu Harun molo du Sileman ta kimo tûn̠a. Yagu hukum koroo înin̠a molo sene 1995 molo tîŋa.

Firche Sileman tîya-kodo, kima ta Adam Sileman gani tam tun̠un̠a. Yagu kaŋgi tu Adam ta tîyar Zakariya, firchekandu ninnde gu ûn̠to tîkala, yagu sultan îya rînaŋ Nûren "Andagabo" wo tûn̠a.

Nûren Mahamat sutu N̠umuri mana gu unduŋa, tiro molo du Mahamat Musa sutu Surbaŋ mana gu unduŋa, âmin-âmin koy tindaye.

Lardi firche gi ta gi muta dol Forboroŋa ye, rî dol du Hâbila ye, garbi dol du Gûbbe ye, saba dol du Dar Fur mbo madaldi Âzzum ye.

Firchekandi Kino ta gi:

	Hilleŋ	Sutuŋ Masaraa
1	Magarse Jîne	Mirkiriŋ + Ņumuri + Ņerneŋ
2	Magarse Âjumaŋ	Âjumaŋ
3	Kaskaru	Ņumuri + Âjumaŋ
4	Dâyro	
5	Magarse Ņumuri	Ņumuri
6	Keņo	Metermbe
7	Magitiya	Metermbe + Jâbunaŋ
8	Haraza	Lere + Asuŋaŋ
9	Wâygo	Maŋgiriŋ
10	Mamun Lere nîg	Tôroŋ + Lere
11	Joroko Dibnagira	Surbaŋ
12	Joroko Kâddi	Surbaŋ + Macaŋ
13	Bûraŋ	Jâbunaŋ + Mirkiriŋ
14	Kijaŋ	
15	Safari	Mârkuņaŋ + Ņerneŋ
16	Hille Fâki	Lere

Firchekandi Musa Kamis Mahamat ta gi mâlikkandi mbo hâkuraŋ mbo ye, ila i: 1) Metermbe 2) Ņumuri, gani îni Magarse ye 3) Jâbunaŋ, gani îni Forboroŋa ye.

14) *Firchekandi Kôbore tag*

Firchekandi Cikab ta gi ti Fôfo yere, firchekandi gi ti kaa Fûkuņaŋ nî lo Furtawo nûrcirni ye, Dar Masaram sultanko ma unduŋnda gim.

Hâgudu Timbiri Dâwudko ûṉa. Firchekandi gi ti gûru koy Mirkiriŋ nî ye. Hâgudu Timbiri tîya, kimiṉ taŋ firchekandu wândatiren, baba îni ta tîyar Abakora tene-de, firchekandu nulte gu endeleŋaye. Abakora ti tîyar ta Ṉamsa Abdulgadir molo kâddi ye, hâgudu Abakora tîya, tîyar ta Yusif Abdulgadir tula.

I kooy Gereṉeŋ ye, Abdulgadir Ṉamsawo Sultan Âbakar tiro gani Murne ta ilim tâyiriteyeka tunduŋa.

Firchekandi Ibrahim Yusif Abdulgadir Ṉamsa (Murne) ta gi:

	Hilleṉ	Sutuṉ Masaraa
1	Ûruŋ Hille Tarawa	Macaŋ + Târsumbe
2	Noye	Târsumbe
3	Tachar-Tachar	Mînjiri + Târsumbe
4	Dar Âwin	Dîsaŋ Mâlik-goṉ + Târsumbe
5	Guraŋ	Âbunaŋ
6	Ândilef	Tînaŋ + Târsumbe
7	Siwe	Âmburcuŋ + Macaŋ
8	Kûsul	Târsumbe
9	Tulus	Târsumbe
10	Morro	Târsumbe
11	Hille Erdi	Târsumbe
12	Dûdduk	Târsumbe
13	Acamara	Macaŋ + Mereŋa + Târsumbe + Ṉumuri
14	Dâbaŋa	Mereŋa
15	Tunfukka	Mînjiri + Âjumaŋ
16	Andaŋa	Asuŋaŋ + Mûraŋ
17	Kuma Bede	
18	Arara	Ṉumuri + Mûraŋ
19	Rôce	Mereŋa + Âjumaŋ

20	Nennemi	Âjumaŋ
21	Koneli / Kebere	Âjumaŋ
22	Kûsul	Tînaŋ
23	Amsidere	Macaŋ
24	Sugune	Mînjiri + Âjumaŋ
25	Hille Fârik	Macaŋ
26	Âmbikeli	Âjumaŋ + Kunjara
27	Tâni Sisi	Mârkuṇaŋ + Ṇumuri
28	Tâni Ndeli	Mârkuṇaŋ + Tînaŋ + Ṇumuri
29	Fôfo	Komore
30	Tûndusa	Dîsaŋ
31	Môde	
32	Âtik	
33	Kûrti	
34	Korbo	

15) *Firchekandi Tachafa Fûkuṇaŋ nîg*

Firchekandi Tachafa Fûkuṇaŋ nî gi Firche Ismayil Baru ye. Alle firchekandi gu nenerni gi, Âfandi Ibrahim Yakub Ibrahim, Dar Furi yere. Yagu tiro mbo iyaṇa ta Aza Hanifa mbo koy wayana molo, firche Ismayilko unduṇaye.

Firchekandi Tachafa Fûkuṇaŋ nî gi:

	Hilleŋ	**Sutuŋ Masaraa**
1	Tachafa	Fûkuṇaŋ
2	Salame	
3	Ârdeba	
4	Am Haraza	
5	Gûndo	

6	Milebide	
7	Ser Tomoṇe	
8	Nejeloni	
9	Nili	
10	Are	
11	Kâmkali	
12	Sisi	
13	Jayin Tîlo	
14	Korbo	
15	Dofor	
16	Barakat	
17	Jâdide	
18	Dofor Furta	
19	Istirene	
20	Askinite	
21	Hajar Îse	
22	Tarcana	
23	Randile	Âmburcuŋ + Tînaŋ
24	Tundusa	
25	Gidera	
26	Markuba	
27	Gôs Âmir	Kaa ninderniŋa wî Sultan Âbakar noŋ kaa Dîrimbaŋ noŋ yere.
28	Asuŋa	
29	Hugune	
30	Côlolo	
31	Beda	
32	Ṇûri Kuma	
33	Sâwe	

34	Ajilija	
35	Mûkut	
36	Mile	
37	Ŋâriṉo	
38	Urabe	
39	Okkori	
40	Katir	
41	Adidi	
42	Mindiṉe	
43	Fôji	
44	Tâchachuki	
45	Kera	

16) *Firchekandi Kîrendik tag*

Firchekandi Kîrendik ta gi Firche Abdalla Âbakar Zîber te. Ti firche Surbaŋ nî Kîrendik na gi ye, hâgudu darje nulusi wî Zîber taŋ tunuba ye, intawo "Rûse Hafir Rûse" undunurinniye.

Firchekandi Abdalla Âbakar Zîber ta gi:

	Hilleṉ	**Sutuṉ Masaraa**
1	Kîrendik	Dîsaŋ + Asuŋaŋ + Âmburcuŋ
2	Rûse	Surbaŋ + Gereṉeŋ
3	Kideda	Tînaŋ + Kusube
4	Fagas	Surbaŋ + Fûkuṉaŋ + Asuŋaŋ
5	Hajar Gâdi	Lere
6	Lîma	Surbaŋ
7	Chutak	Asuŋaŋ
8	Am Rakina	Surbaŋ
9	Gâdir	

10	Jûrnaŋ	Jûrnaŋ
11	Bîr Dâbuk	Maŋgire
12	Gireda	Surbaŋ
13	Ragide	
14	Rama ta	
15	Marayat	
16	Hachaba	Fûkuṉaŋ
17	Jîmeza	Dîsaŋ + Sîrnaŋ + Tînaŋ

17) Firchekandi Jamal Bâdawi Katir "Bidine" tag

	Hilleṉ	**Sutuṉ Masaraa**
1	Bûre	Fûkuṉaŋ
2	Sirefa	Komore
3	Rûkka	
4	Gânja	
5	Bidine	
6	Galala	
7	Ârdeba	
8	Muraya	
9	Mbimbice	
10	Âbari	
11	Ârbari	
12	Girese	
13	Korome	
14	Korome	
15	Fâjaki	
16	Duwane	

18) Firchekandi Chelbe tag

Firchekandi Chelbe ti darje sininta 30 tuŋuna. Kima ta Mahamatko ûŋa tene-de, Ârinje sene 1998 aye 1 jo 19 uya. Umudiye Mahamat Chelbe ta gi hille Gûre Kâddi uriye.

	Hilleŋ	Sutuŋ Masaraa
1	Bûlaye	Asuŋaŋ + Âmunaŋ + Tacharkunaŋ
2	Kûrti	Asuŋaŋ + Âmunaŋ
3	Âbu Nayima	Asuŋaŋ
4	Gâdir	Asuŋaŋ
5	Hajar Bûke	
6	Garadaya	Asuŋaŋ
7	Jûrnaŋ Dalata	Asuŋaŋ + Surbaŋ + Jûrnaŋ
8	Dalam	Asuŋaŋ
9	Gunji	
10	Berte	
11	Koŋgom Junub	Âmunaŋ + Fûkuŋaŋ
12	Rijil Nabag	
13	Âbu Nayima Chimal	Âmunaŋ + Asuŋaŋ + Kariyaŋ
14	Âbu Nayima Wasti	Âsuŋaŋ
15	Kûjunaŋa	

19) Firchekandi Kase Jinene molo saba nag

Firche Abdalaziz Âli Hanno ta gi, Âmunaŋ Âbu Nayima taŋa ye.

	Hilleŋ	Sutuŋ Masaraa
1	Hachaba Tegere	Âmunaŋ
2	Kûmme	Tôroŋ
3	Âbu Nayima Chimal	Âmunaŋ

4	Âbu Nayima	Âmunaŋ
5	Âbu Nayima	Âmunaŋ
6	Rijil Nabag	
7	Bûlaye	
8	Mazarub	
9	Âbule	
10	Kajanaŋa	
11	Hille Dâbbe	
12	Dalba	
13	Kôŋga Chimal	
14	Jayin Tîlo	
15	Mukchacha	
16	Todorona	
17	Mazarub Tama	
18	Hachaba Toche ta	

20) Firchekandi Sileman Dîna tag

Firchekandi Sileman Dîna ta Ismayil Adam Nimir mbo i sutu Lere ye.

	Hilleŋ	**Sutuŋ Masaraa**
1	Biri Karaza	Jâbunaŋ + Lere + Âmunaŋ + Asuŋaŋ
2	Biri Zaltaya	Gurambaŋ + Jâbunaŋ + Lere + Âmunaŋ + Kariyaŋ
3	Biri Hajar Bibi	Gufa + Lere
4	Biri Jûrnaŋ	Jûrnaŋ + Surbaŋ + Lere
5	Magma (Biri mbo Tâchabaki mbo olonam)	
6	Hille Karak	
7	Hille Borgo	

8	Achar Wâli	Dîsaŋ + Maraŋ
9	Achar Wâli Dîsaŋ	Dîsaŋ
10	Achar Kuje	Dîsaŋ
11	Achar Mârarit	Dîsaŋ
12	Tâchabaki hille Mîma	Dîsaŋ
13	Tâchabaki hille Borgo	Dîsaŋ
14	Tâchabaki hille Borgo	Goṇkakaŋ
15	Tâchabaki hille Mîma	Goṇkakaŋ
16	Arfa Mîma	Dîsaŋ
17	Milebide Nîso	Dumi Fûkuṇaŋ nî ili ti Ishak Ndo Kunji Fûkuṇaŋ nî kûjo tindirnigiye.
18	Fur Wâli Daṇata	Goṇkakaŋ
19	Fur Wâli Kuma	Goṇkakaŋ
20	Libiri Lere (Himmeda, Arda, Siratiye)	
21	Biri Gurambaŋ	Gurambaŋ
22	Noye	
23	Wahide	
24	Wahide Kârtum Jâdid	
25	Fur Wâli Goṇkakaŋ	
26	Libiri	
27	Libiri Hîmeda	
28	Libiri Arda	
29	Libiri Siratiye	
30	Libiri Âtoro	
31	Libiri Hachaba	
32	Korome	
33	Dûwed Nukta	
34	Amchirena	
35	Kâlmokari	Mûraŋ

36	Asirne	Mûraŋ	Dûmi Muraŋ nî
37	Asirne Haj Chagir	Mûraŋ	
38	Am Ich	Mûraŋ	
39	Am Ich	Lere	
40	Gurase	Fûkuṇaŋ	
41	Âburandi Hille Kurca (Hamid Mahamat Adam)		
42	Biri Istirene	Lere	
43	Mâtawi		
44	Gîrnaŋa		
45	Karak Hille Kir	Goṇkakaŋ	
46	Achar Hadahid		
47	Ardamata Chârik Kûbri		
48	Kokorike		
49	Dûwed		
50	Dûwed Hillele		
51	Dûwed Kûrbo		
52	Dûwed Saŋgar	Âmburcuŋ	
53	Sildi		

21) *Firchekandi Dar Kase tag*

Firchekandi Dar Kase ta gi taŋ nenee i Annur Umar Îdiris noŋ Abdalaziz Abdalla Yusif noŋ Sale Arbab noŋ ye.

	Hilleṇ	**Sutuṇ Masaraa**
1	Hâbila Kanare	
2	Sildi Kase	Tîraŋ
3	Gâsajne	
4	Kûsul	Tînaŋ

5	Ŋariya	Ŋumuri
6	Rôce	Mûraŋ
7	Mejmere	Soroŋ
8	Ûrbe Âtite	Fûkuṇaŋ
9	Ûrbe Kaseje	Fûkuṇaŋ
10	Njocoke	Soroŋ
11	Ŋâriṇo	
12	Ûrbe	
13	Chorkoldi	
14	Hille Zagawa	Ṇerneŋ
15	Kondola Jesa	Ṇerneŋ
16	Ndukure	
17	Murli Hille Kâddi	
18	Murli Kûdumi	
19	Âburandi	
20	Kaja	
21	Hachaba	
22	Gâdir	Komore
23	Tabarik	
24	Kûka	
25	Kûdumi	
26	Fur Wâli	Goṇkakaŋ
27	Daṇa ta	
28	Âmmo Amini	
29	Giriri	
30	Kâskidik	Komore
31	Darkota	Komore
32	Naga	Komore
33	Zawiya	Foroŋ

34	Dôroti	
35	Mara	
36	Tîre	
37	Gokar	Mestereŋ + Maŋgire
38	Kûro	Mestereŋ + Mûraŋ
39	Ilili	Dîsaŋ
4o	Atik	Dîsaŋ
41	Tûnduṇ	Dîsaŋ
42	Kûrti	Dîsaŋ
43	Amchidera	Dîsaŋ
44	Ustuware	
45	Kônde	
46	Arara	Ṇumuri
47	Haraza	
48	Hôgone	Âbunaŋ
49	Wastane	Âbunaŋ
50	Karnak	Foroŋ
51	Mestere Kase	Mestereŋ + Foroŋ + Maŋgire
52	Kase	Maŋgire i gani Foroŋ nî me ye
53	Kâruba	Mestereŋ + Maŋgire
54	Am Haraz	Kooy Foroŋ nî ye
55	Kuŋga	Maŋgire + Mestereŋ
56	Adala ta	Mestereŋ + Maŋgire + Ṇerneŋ
57	Ker Wajid	Muruṇaŋ
58	Dîrijel	Gereṇeŋ
59	Kanare Hille Kûrbo	Gereṇeŋ
60	Kanare Areba	Miṇiki
61	Korome	
62	Bôro	

63	Dûwed Hille Kâddi	
64	Dûwed	Kasabaŋ
65	Erdi	
66	Koro	Ṇerneŋ
67	Bîr Madine	Ûraŋ

> *Masaraa Sudan mo gani tuum inda wî*

Masaraa Gireda taŋ mbo Jokhana Zarga taŋa mbo

Masaraa Gireda taŋa wî nasko ne, saltana koy Jokhana Zarga ne indaye. Masaraa Jokhana taŋa wî i Surbaŋ ye. Masaraa Gireda taŋa wî du Maŋgire ye, hâgudu gani ilim hâkuraṇ îniŋa wîwo nûṇa wî, sultanta Furta nîŋa wî ye. Masaraa Surbaŋ i Sultan Sileman Salun ira, Furta nîŋ gi taŋ mamaṇ ye.

Gireda taŋa kaa i Masaraa Maŋgire ye, mâlikiyo koy nenenniŋa ye. Mâlikta îniŋa ila i:

1. Mâlik Sagur	10. Mâlik Hissen ti juri Âli Dinar Ârinje Rizegatta mbo na ilim nîyembo nusuruna ye.
2. Mâlik Awod	
3. Mâlik Bôdur	
4. Mâlik Jar	11. Mâlik Dûd "Jo mbîri tâlandira"
5. Mâlik Albayin	
6. Mâlik Musa Matar	12. Mâlik Mahamat Nadif
7. Mâlik Albayin	13. Mâlik Yagub
8. Mâlik Laben	14. Mâlik Mahamat
9. Mâlik Dûd	15. Mâlik Yagub ti âmin-âmin koy ninda gi ye.

Masaraa Gadarif taŋa

Masaraa i dar Gadarif wâkit uṉuŋa gi, wâkit Mahamat Ahmat Mâhdi ta dar Habach mbo ṉoru ene ilim uṉuŋarniye. Mahamat Ahmat wâkit Habach mbo usuri ilim, Masaraa koy nusurii Mahamat Ahmad taŋ kaa mbo gê îndirniyeka, Habachta wo rayin dar înim walana.

Hâgudu kaa dûni Gadarif ta gani ilim nindirniŋa ila, mutu ken dar muta waka, gani ili fero rêŋ, sîŋgee îriju loyn, sede ne tinde-de, Masaraa ko sede nunjurisin, sîŋgee yasin, ganu lûtturaŋ uṉuŋa. Hâgudu kaa dar Habach taŋa ila kêru, Masaraawo nunjuri ige-de, nuran-de dar ilu ûtturaŋa.

In ken, gani ilu âsur ûtturaŋa, aniŋaa nîyembo tômisen, âjijaŋa Ache Falatiye ira gi âju koy tâjiŋanniye. Ili molo gani ilim kaa kâddur ûka, hâkkuma koy gani ili kalla yen kosiŋ, âsuri wâsiye tûtturaŋa, kâcamuu mbo aniŋaa mbo buraga âyŋge "Zaharat Chamis" taŋa mbo âmin-âmin koy oyeye.

Masaraa Gadarif ninda wî selteŋ mo 30 lo 40 ye. Hâgudu bûga Gallabat ninda wî du 80 ye. Kaa Masaraa i lardi Sudan ta dar Habachko nâbaniŋa ilu rûcuŋ nuṉuŋa ye. Bûgaṉ îniŋa kâddunjar wî Gallabat, Bandakaw, Gurecha, Âtbarawi, Dôka, Basunda.

Hâgudu hilleṉ sina wî mbo bûgaṉ mûgula wî mbo Dôka, Bandakaw, Basunda, Bâbikiri, Am Karayid, Rachid, Jabal Gena, Khor Zaraf.

Hilleṉ îniŋa du kâddur ye, yagu gim baka de mûmmana: Tored, Jazuli, Tamra.

Masaraa i ganii tuum koy inde, ganii ila:

1. Fawo	5. Jazira-Aba
2. Damazin	6. Kosti
3. Sînja	7. Kurdufan
4. Nîl-Abiyad	8. Murayad

Masaraa i Bar Cad ta gi molo, lardi Habach mbo Sudan mbo ene gim naka ye. Ganii hassa mûmmana wîm Masaraa i de kâddur ye. Intiki-ken, 4,000,000 molo koy kâddur ye ire.

Konton Masaraa nîŋ dar Cad mana wî

Konton Masaraa nîŋ dar Cad mo dumii mâlikta Masaraa nîŋ Cad mana wî, gani îni hassa na gi Mîdiriye Asuŋa ye. Gani gu tiro Faransiyinta nî ja dollo, sene 1919 ilim ketel Cad mo urmanaye.

1) Konto Gereṉe

Mâlikta nurcudurna wî:

1) Mâlik Adam Mustafa 2) Mâlik Ahmad Baraka 3) Mâlik Harun Mahamat Ahmad 4) Mâlik Ishak Harun 5) Mâlik Jîddo Harun Ishak. Jîddo ti âmin-âmin koy mâlik lo ninda ye.

Hilleṉ îniŋa wî:

	Hilleṉ	Sutuṉ Masaraa
1	Tâbari Mirsalta	Ûraŋ + Tegereŋ
2	Tâbari Wadita	Kunjara + Kariyaŋ
3	Gundo Tandorta	Âwurnaŋ + Ûraŋ
4	Âjine	Ûraŋ
5	Mâdaraŋ	Mâdaraŋ + Âwurnaŋ

6	Tandi	Mâdaraŋ
7	Hilele	Kariyaŋ
8	Hilele Korobit	Kariyaŋ
9	Kûdumi	Kariyaŋ + Kûrŋgulaŋ
10	Corota	Kariyaŋ
11	Tembeli	Kariyaŋ
12	Siratiye	Kariyaŋ
13	Tondoɲ	Kariyaŋ
14	Muraye	Tegereŋ
15	Geɲeŋge	Tegereŋ
16	Sisi	Tegereŋ
17	Ârdeba	Tegereŋ
18	Tegere	Tegereŋ
19	Mecce	Macaŋ + Tegereŋ
20	Hajilija	Macaŋ + Gereɲeŋ + Asuɲaŋ
21	Gûndo	Macaŋ + Tegereŋ + Maŋgiriŋ
22	Tândalti	Asuɲaŋ + Tegereŋ
23	Liɲe Birediya	Mâratiɲ
24	Liɲe Garfata	Jâbunaŋ
25	Liɲe Bûtata	Dîsaŋ
26	Liɲe Jati	Jâbunaŋ
27	Liɲe Garaday	Mâratiɲ + Gereɲeŋ
28	Liɲe Dîsaŋ	Dîsaŋ
29	Bôro	Ûraŋ
30	Ilili	Ûraŋ
31	Kârtum	Gereɲeŋ
32	Awot ta	Gereɲeŋ
33	Gokorŋgita	Gereɲeŋ
34	Gereɲe	Gereɲeŋ

35	Tukuyi	Gereneŋ
36	Tukuyi	Dîrmbaŋ
37	Milebide	Gereneŋ
38	Sandi Fôk	Gereneŋ
39	Dôroto	Gereneŋ
40	Line Berediye II	Gereneŋ
41	Line Berediye III	Gereneŋ
42	Nodorchoŋ	Gereneŋ
43	Babunusa	Gereneŋ
44	Ambeliya	Goŋ Mûraŋ
45	Atachane	Goŋ Mûraŋ
46	Butte	Goŋ Mûraŋ
47	Fârig Joroko	Goŋ Mûraŋ
48	Kunji Ŋârama	Goŋ Mûraŋ
49	Muraye	Goŋ Mûraŋ
50	Anjukuttumuna	Goŋ Mûraŋ
51	Îyer	Goŋ Mûraŋ
52	Tillita	Dîsaŋ
53	Amkaruba	Dîsaŋ
54	Hachaba	Dîsaŋ
55	Gilane	Dîsaŋ
56	Wâriwarita	Soroŋ
57	Ârdeba	Goŋ Mûraŋ
58	Joroko	Dîsaŋ + Tegereŋ + Âwurnaŋ + Miniki + Asuŋaŋ + Mereŋ + Âbunaŋ
59	Dodorok	Asuŋaŋ
60	Konore	Asuŋaŋ
61	Wallad	Asuŋaŋ
62	Kodolok	Asuŋaŋ

63	Askinite	Asuŋaŋ
64	Ndâtirne	Asuŋaŋ
65	Andaja	Asuŋaŋ
66	Galane	Asuŋaŋ
67	Njindi	Asuŋaŋ
68	Tîrti	Tegereŋ
69	Ebeteŋgi	Tegereŋ
70	Âdikota	Tegereŋ
71	Gadarif	Tegereŋ
72	Dulle Tambaldi	Tegereŋ + Kariyaŋ + Âwurnaŋ + Dîsaŋ
73	Dulle Kase	Tegereŋ
74	Kumme	Tegereŋ
75	Dewer	Tegereŋ
76	Miyata	Tegereŋ
77	Bîr Moŋgo	Tegereŋ
78	Biske Jîmeze	Dîsaŋ
79	Biske Kuro	Dîsaŋ
80	Biske Dullata	Dîsaŋ
81	Biske Wâdi Îyer	Dîsaŋ
82	Biske Nubuta	Dîsaŋ
83	Biske Faride I	Dîsaŋ
84	Biske Faride II	Dîsaŋ
85	Magaji	Dîsaŋ
86	Tôŋgori Bârkutta I	Jâbunaŋ
87	Tôŋgori Bârkutta II	Jâbunaŋ
88	Tôŋgori Sisi	Jâbunaŋ
89	Tôŋgori Doromta	Jâbunaŋ
90	Tôŋgori Adarmanta	Jâbunaŋ
91	Adire	Goṇ-Mûraŋ

2) Konto Barde

Konto Barde gani ta gi Hajar Hadid ye.

Mâlikta kontom nâyirna wî i: 1) Mâlik Bakit 2) Mâlik Ibrahim Bakit 3) Mâlik Adam Ibrahim 4) Mâlik Mahamat Ibrahim 5) Mâlik Hassan Ibrahim. Ti âmin-âmin koy mâlik lo ninda ye.

Gani gi ta mâlikkandi gu jâribe tîle taŋa Masaraa de enegiye, gani ti kontoṉ tu wî noŋ yande.

Hilleṉ îniŋa wî:

	Hilleṉ	Sutuṉ Masaraa
1	Arkum	Surbaŋ-Imamiya
2	Istirene	Surbaŋ
3	Haraza	Macaŋ
4	Gûndo	Ṉerneŋ
5	Hille Mam	Macaŋ
6	Gabad	Jerkereŋ
7	Doroŋgol	Sîrmbaŋ
8	Barde Surke	Âmunaŋ + Tôroŋ + Macaŋ
9	Kocholoŋ	Macaŋ
10	Kechemer	Macaŋ
11	Kunjube	Guruŋgaŋ
12	Gôs Bagar	Surbaŋ
13	Gôs Bagar Hilele	Surbaŋ
14	Todorona	Surbaŋ
15	Tachule	Macaŋ
16	Soṉeŋ	Macaŋ
17	Allache	Macaŋ
18	Kunduse	Aŋgoloŋ
19	Gundiyaŋ	Âmunaŋ + Surbaŋ + Mandara

20	Tîn	Aŋgoloŋ + Âmunaŋ
21	Abu Tantar	Macaŋ + Aŋgoloŋ
22	Burtay	Duma + Âmunaŋ
23	Gorne	Surbaŋ + Aŋgoloŋ + Mandara
24	Allacha	Dîrmbaŋ
25	Ajiz	Tînaŋ
26	Chantarur	Tînaŋ + Mandara
27	Dudu	Fûkuṇaŋ
28	Kûrjuŋgul	Tînaŋ + Gereṇeŋ
29	Wata	Ṇerneŋ + Aŋgoloŋ
30	Labar	Dîsaŋ + Soroŋ
31	Hille Dahiya	Ṇerneŋ + Aŋgoloŋ
32	Hijerat	Sîrmbaŋ
33	Mârsiki	Soroŋ
34	Nûriŋ	Tînaŋ
35	Hâbila	Aŋgoloŋ
36	Furtukuje	Gufa + Agumaŋ
37	Mâturuda	Gurŋgaŋ
38	Ŋgeri	Âbunaŋ
39	Ŋgeri Haguna	Âbunaŋ + Kusube
40	Achara	Tekereŋ-Duma
41	Âbu-Dom	Kunjara
42	Âbu-Layla	Âriṇaŋ + Kûrmbuluŋ
43	1. Limaŋ 2. Hille Nûri 3. Gûndo 4. Nagar-Kûje 5. Gûnji 6. Harunaŋ	Âjumaŋ + Kenndeje + Ṇumuri + Mâratiṇ + Âbunaŋ + Tînaŋ
44	Kûrbulaŋ	Macaŋ + Macakaraŋ
45	Kûnjaŋ	Macaŋ + Agunaŋ
46	Njîlim	Macaŋ + Kûrmbuluŋ
47	Kodolok	Macaŋ + Machadalaŋ

48	Kûchakin	Macaŋ + Tînaŋ
49	Fôji	Gurambaŋ + Macaŋ
50	Rataye	Dalmaŋ + Tînaŋ
51	Chamchurta	Tîraŋ + Âriṉaŋ + Ṉumuri
52	Bôro	Ṉumuri + Macaŋ
53	Hachaba	Bâruŋ + Macaŋ
54	Kôrorok	Âriṉaŋ
55	Barde	Âriṉaŋ
56	Dar Kabach	Âjumaŋ
57	Kôŋga	Âjumaŋ
58	Darta	Durmaŋ + Asuŋaŋ
59	Labide	Âriṉaŋ + Âjumaŋ
60	Faraŋe	Farŋgaŋ + Mînjiri + Asuŋaŋ
61	Dicha	Mînjiri
62	Birejin	Asuŋaŋ
63	Istirene	Asuŋaŋ
64	Sira	Asuŋaŋ + Maŋgiriŋ + Maŋgire
65	Bakite	Asuŋaŋ + Tînaŋ
66	Dârib al-Almi	Âjumaŋ + Âriṉaŋ
67	Gôs Met	Tîraŋ
68	Lira	Kariyaŋ
69	Mâbuko	Âjuraŋ + Âmunaŋ
70	Kôle	Kunjara + Kenndeje
71	Fagire	Mandara + Bâruŋ
72	Katinaŋ	Tînaŋ
73	Kiniwan	Tôroŋ
74	Hajar Hadid	Dîsaŋ
75	Kundulba	Asuŋaŋ
76	Urkuloŋ	Kunjara + Tôroŋ

3) Konto Kâdo

Konto Kâdo mâlikta nâyirna wî i: 1) Mâlik Musa Tôrjok 2) Mâlik Dîŋges 3) Mâlik Simba 4) Mâlik Dîdibo.

Konto Kâdo ti Faransiyinta ma warnda ilim, mâlikkandi ta ilu Masaraa de wâyirinniye, yagu Faransa tara, Masaraa du "Faransawo minndende" ru esina-kunuŋ, Faransa Masaraawo mâlikkandi îni gu kenju, kaŋgi sutu Gimir ta mana Sar-Sar Yunis ira gu mâlik Konto Kâdo to tunduŋa.

Tiro molo du kima ta Âli Yunis tere, hâgudu ili molo Adam Bachar tere. Âmin-âmin ninda gi Ibrahim Yunis te. Yagu mâlikta alle na wî nîŋa atineṉ gani taŋa nenee wî, mâlikkandu innden nda teleto îya tirnen indaye.

Hilleṉ îniŋa wî:

A) Dar Fâkum (sutu Fukuṉaŋ)

	Hilleṉ		
1	Kôrorak	8	Wendelu
2	Gabine	9	Barrata
3	Duwane	10	Mummat ta
4	Tâbari	11	Abusoga
5	Jati Fuṉa	12	Yaka ta
6	Kîsikita	13	Kôle
7	Cheka ta	14	Sileṉu

B) Dar Komore (sutu Komore)

	Hilleṉ		
15	Gûndo	18	Gôs Banat
16	Wâjiye	19	Akabach
17	Ṉûruki	20	Tarcana

21	Melleta	24	Tûkuli Nder ta
22	Arkoye	25	Dede ta
23	Tûkuli		

C) Dar Aram Gufa (sutu Aram Gufa)

	Hillen̰
26	Birejil
27	Mimin̰e
28	Sarab Jidad
29	Âbuluk Kâbir
30	Âbuluk Ore
31	Gôs Âmir
32	Jukuti

D) Dar Kariye (sutu Kariyaŋ)

	Hillen̰		
33	Kâtil	46	Gârkun̰o
34	Andabar ta	47	Tûndusa
35	Amben̰u	48	Didin̰a ta
36	Atachan̰e	49	Amben̰u Masara
37	Atachan̰e Zagawa	50	Amben̰u Zagawa
38	Atachan̰e Waday	51	Bûwa ta
39	Koloŋge	52	Dan̰a ta
40	Kondola Jesa	53	Sisi
41	Tâbari Wadi ta	54	Andaja Surabe
42	Âdisan ta	55	Andaja Kormododo
43	Berbere ta	56	Tâbari
44	Tewen̰ Masara	57	Gûŋgur
45	Tewen̰ Maba	58	Dûwe ta

59	Dûwe ta Zagawa	67	Kâtafari ta Zagawa
60	Damire	68	Tiṇ ta
61	Kûdumi	69	Gûndaɲ
62	Tonoŋon	70	Jerkeriye
63	Mbâkaki	71	Sibit
64	Kâdo	72	Ŋgoje ta
65	Hagar ta	73	Bâku
66	Kâtafarita	74	Tûrta

E) **Dar Mûruṇe** (sutu Mûruṇaŋ)

	Hilleṇ		
75	Kodole	83	Kûrbuj ta
76	Nûrkani	84	Sabir ta
77	Hille Âjine	85	Dâbbe
78	Mburgita	86	Aliŋgi ta
79	Kika ta	87	Nûnuɲaye
80	Katarfa	88	Ârdeba
81	Katarfa Ore	89	Njocoke
82	Kerkeṇ ta	90	Kûzi Wayit

F) **Dar Jerkereŋ** (sutu Jerkereŋ)

	Hilleṇ		
91	Fatumata	98	Dime Gâmarkuṇaŋ
92	Direse	99	Dime Ajilija
93	Dokoyet	100	Hille Hassane
94	Kûle Mîmi	101	Kâtil
95	Kûle Tûkuṇi	102	Bîr Tâwil
96	Kûle Ŋgûrumi	103	Farajane
97	Dâbiyo ta	104	Hille Âjine

105	Ŋarmaŋ	131	Chimeliye
106	Tarawa	132	Hilleket
107	La Tâji	133	Njocoke Mîmi
108	Moroŋ	134	Gôs Merem
109	Gore Zagawa	135	Garadaye
110	Gore Waday	136	Diṇese
111	Hille Âbdu	137	Doŋdoŋ ta
112	Kusbara	138	Hille Mâmudi
113	Mogorne	139	Makin ta
114	Siratiye	140	Gôfo ta
115	Ṇoro	141	Caŋgaya
116	Gûndo Matar	142	Caŋgaya
117	Bîr Sale Masaraa	143	Hille Âbu Almi
118	Bîr Sale Mîmi	144	Cokoy-Cokoy ta
119	Hille Kirzini	145	Mirkiriŋ
120	Goyne	146	Agune
121	Mâdayne	147	Kiraŋa
122	Biltiṇa	148	Muguchache
123	Kûrti	149	Nakulu ta
124	Usure Masaraa	150	Tondoŋ
125	Usure Mîmi	151	Kûle Hille Sibina
126	Ṇaṇuli ta	152	Hille Gimir
127	Bûratta	153	Ratay
128	Diṇese Kâddi	154	Ndukure
129	Tembeli	155	Bîr Sale Maba
130	Tembeli Ŋgûrumi	156	Fûkuṇaŋ

G) Dar Kunjara (sutu Kunjara)

	Hilleṉ
157	Bîr Kâdawus
158	Aṉiŋgi ta
159	Bîr Kanji
160	Sisi
161	Keteltek
162	Dukkane
163	Târsu
164	Ifene
165	Lâyna

4) Konto Môlo

1) Mâlik Dûtum 2) Mâlik Adam Dûtum 3) Mâlik Abdalkarim 4) Mâlik Fadul Dûtum ti âmin-âmin kâyiri ninda gi ye.

Hilleṉ îniŋa wî:

	Hilleṉ	Sutuṉ Masaraa
1	Lômba	Tîraŋ
2	Tulgo	Tîraŋ
3	Darsalame	Tîraŋ
4	Kanaga	Tîraŋ
5	Takase	Tîraŋ
6	Tâŋgore	Tîraŋ
7	Fârinji	Tîraŋ
8	Ŋatiṉa	Tîraŋ
9	Hijer	Tîraŋ
10	Subi	Tîraŋ
11	Dotomi ta	Tîraŋ

12	Rototo	Tîraŋ
13	Bagar Baki	Tîraŋ
14	Welege	Tîraŋ
15	Ichbara	Tîraŋ
16	Habila	Tîraŋ
17	Côlolo	Tîraŋ
18	Njocoke	Tîraŋ
19	Birejiŋ	Tîraŋ
20	Tândalti taŋ	Tîraŋ
21	Gudumi	Maŋgiriŋ
22	Gos Banat	Maŋgiriŋ
23	Bôro	Maŋgiriŋ
24	Tumtume	Maŋgiriŋ
25	Kodige	Maŋgiriŋ
26	Galala	Maŋgiriŋ
27	Dime	Asuŋaŋ
28	Dime Berke	Asuŋaŋ
29	Maŋgile	Maŋgiriŋ
30	Maŋgile Nabagay	Maŋgiriŋ
31	Aliŋgi ta	Maŋgiriŋ
32	Abu Defa	Maŋgiriŋ
33	Doŋgi ta	Maŋgiriŋ
34	Gudmi	Asuŋaŋ
35	Ârdeba	Asuŋaŋ
36	Kunduk	Asuŋaŋ
37	Galikta	Asuŋaŋ
38	Adiɲe ta	Asuŋaŋ
39	Daway	Gereɲeŋ
40	Boro	Gereɲeŋ

41	Hajar Dabaye	Gereṉeŋ
42	Kese	Gereṉeŋ
43	Terta	Gereṉeŋ
44	Uchuraye	Gereṉeŋ
45	Hille Tawile	Gereṉeŋ
46	Hille Chek	Gereṉeŋ
47	Aŋgerebe	Gereṉeŋ
48	Garadaye	Gereṉeŋ
49	Hille Naga	Gereṉeŋ
50	Tacho	Gereṉeŋ
51	Agaŋ	Macakaraŋ
52	Amchibeka	Macakaraŋ
53	Wâjiye	Macakaraŋ
54	Gelu	Macakaraŋ
55	Melleje	Macakaraŋ
56	Nuku Nuku	Macakaraŋ
57	Kôrorok	Macakaraŋ
58	Jenta	Macakaraŋ
59	Tôrlabit	Macakaraŋ
60	Hilu ta	Macakaraŋ
61	Garfata	Macakaraŋ
62	Hille Makki	Macakaraŋ
63	Jadide	Macakaraŋ
64	Kuŋga	Macakaraŋ
65	Hille Fallata	Fûkuṉaŋ
66	Jîmeza	Fûkuṉaŋ
67	Ganaŋgi ta	Fûkuṉaŋ
68	Kûnduk	Fûkuṉaŋ
69	Kuma Dûŋgi	Fûkuṉaŋ

70	Kolkole	Maŋgiriŋ
71	Rat Asugur	Maŋgiriŋ
72	Hajilija	Maŋgiriŋ

5) Konto Mabrun

1) Mâlik Haji 2) Mâlik Magadam 3) Mâlik Hamndan 4) Mâlik Mahamat Nur, ti âmin-âmin koy kâyiri ninda gi ye.

Hilleṉ îniŋa wî:

	Hilleṉ
1	Noŋgolo
2	Kûdumule
3	Dala ta
4	Tîne
5	Tanjona
6	Nadiyane

6) Konto Turane

1) Mâlik Ahmad 2) Mâlik Mahamat Ahmad 3) Mâlik Adam Ahmad Turane, ti âmin-âmin kâyiri ninda gi ye.

Masalat Am Ndam

Masalat ira wî i gani Am Ndam ira ilim ganu kâddu ene. Hâgudu mâlikta îniŋa wî i: 1) Mâlik Ambadi 2) Mâlik Jiriban 3) Mâlik Ortole 4) Mâlik Zayid 5) Mâlik Gabti 6) Mâlik Îdiris 7) Mâlik Âli Îdiris ti âmin-âmin koy ninda ye, hâgudu dar Am-Ndam gim chekta 16 ye.

Masalatta Am Ndam taŋa i Masaraa ye, yagu kanaa masaraka ûre osende, ârinjek de nûre ye. Sutuṉ îniŋa wî du sutuṉ Masaraa tuu wî nîŋa noŋ de ye.

Masalat Am Hajar

Konto Am Hajar ti Masalatta nî gani ye, hâgudu mâlikkandu koy ene. Mâlikta i: 1) Mâlik Musa Zambili 2) Mâlik Adam Musa 3) Mâlik Hassan Adam Musa, ti âmin-âmin kâyiri ninda ye.

Masalatta Am Hajar taŋa i koy Masaraa ye, yagu kanaa masaraka ûre osende, ârinjek de nûre ye. Sutuṉ îniŋa wî du sutuṉ Masaraa tuu wî nîŋa noŋ de ye.

Sininta kanaa wî ûka wî nîŋa wî

1830 Hajjam Hasaballawo uṉana gi ye.

1884-1885 Hajjamko Mogorne toroŋ, hukum molo indisa.

1884 Gereṉeŋ hukumko ula (Fâki Ismayil mbo).

1886 Njeba Fâki Ismayil Andurman sêy tena gi ye.

1888 Âbakar hukumko tula.

1889 Âbakar taŋ basaŋa mbo âbbaŋaa mbo iyaŋata juri Fachir ta gi molo wanara.

1890 Ismayil Âbdulnabi mbo Hajjam mbo îya.
Usman Jano Furta nîg Dar Masaro nunjuriya tesembena.

1899 aye 3 jo 21 Biritaniya mbo Faransa mbo jo gîlaŋgi lardi Sudan mbo Cad mbo olona guwo ûrana.

1905 Juri Chawa ta (Âbakar mbo Furta mbo). Furta Abakarko Fachir wanaŋa (aye 5 jo 12). Kâddusar Masaraa nîŋ wârcana, Tajaddin hukumko tula.

Juriṉ Dar Masara taŋa koroo Masaraa nîŋam lasira (Kunjuldi, Mestere, Gilane, Kejkeje). Juri Kejkeje tag (Tajaddin mbo Furta mbo). Âli Dinar Âbakarko tuya.

1907 Rôgora Âli Dinar mbo Tajaddin mbo

1909 aye 2 jo 2 - Faransiyinta Dar Mabam layu, Abbachewo ula.
aye 6 jo 5 - Adam Âsil "Ama sultan Dar Maba ta âka" ru njeba tena.

Aye 9 - Faransiyinta Dar Tame waya.

Aye 11 - Faransiyinta Dar Gimir mo waya.

1910 aye 1 jo 4 - Ṉori Kîrindaŋ tag (Tajaddin mbo Faransiyinta mbo). Tajaddin Baharaddinko hukumko tûṉa.

aye 11 jo 9 - Ṉori Dôroti tag (Tajaddin mbo Faransiyinta mbo), Tajaddinko uya.

Âskarta Âli Dinar mbo kima Hajjam ta mbo Dar Masaram wanjaŋa (juri jaribe ta).

1911 aye 1 jo 2 - Faransiyinta Dar Masaram hâkkoy waya, ganii as usuruna.

aye 6 - ayagine Dar Mabam Dud Mura taŋ kaa urnaŋa.

aye 8 - Juriya Dar Maba tag tibiya.

aye 10 - Ndoka mbo Dud Mura mbo juru ela.

aye 10 - Ndoka Âsilko njeba nda tena, Faransiyinta wo koy katab nda tena.

Mayagine Fâki Dûdduk tag

1912 aye 1 jo 22 - Âli Dinar Ndokawo njeba nda tena.

aye 1 jo 27 - Ndoka Faransiyintawo njeba nda tena, Dar Masara ta caki madaldi Asuŋa molo garbi do, Faransiyinta nîŋa koroom nda tela.

1913 Sereme tûka, yagu jubbu geya Faransiyinta tûnjito wândaŋina. Mayagine fâkije darawichta nîŋ urnaŋa.

aye 11 - Fâkije kaŋ Abbache ko, dûkum Farasinyinta nû odoroŋa.

aye 12 jo 25-28 - Kônonel Jolen Dîrijelko tîkal tara.

Wâci Bâdawi ta tûka.

1916 aye 5 jo 22 - Îŋgilizta Dar Fur mo lay Fachirko ula.

aye 6 - Ndoka Îŋgiliztawo njeba nda tena.

1917 Ndokawo Fachir ôliŋa.

Faransiyinta Dar Masara ta lardi kalla tûto inndana, Îŋgilizta caki Dar Masaram saba do na ilim dûkumta ena.

1918 aye 2 jo 9 - Njeba hâkkuma Îŋgilizta Ndokawo katab nda ena. Îŋgilizta Dar Masaram layu, erdi Kîrendik ta ilim dûkumko ena.

1920 Ndoka hâkkuma Îŋgilizi mbo hâkkuma Sudan ta gi mbo kanaa ûcaŋa.

1921 Mayagine Sahuyuni uri gi Ṇala tîŋara.

1922 aye 1 jo 22 - Îŋgilizta Jinene waya.
aye 2 jo 17 - Hâkkuma Sudan ta gi sultanko binu kâddunjar nû tûṇa.
Biritaniya mbo Faransa mbo tîran, lardi Cad mbo Sudan mbo na gu ûcaŋa.

1924 Lardi Cad mbo Sudan mbo sene 1922 ûcaŋa ilu keṇek ken ela.

1951 Sultan Baharaddin tîya. Abdarahman Baharaddin hukumko tula.

Kâddunjar Dar Masara taŋ

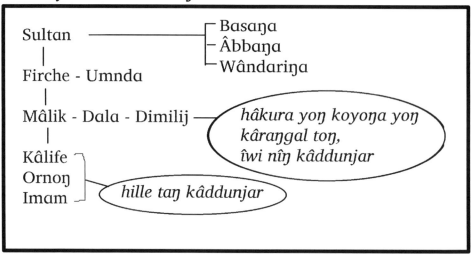

Kanaa bokoṇa

Âbbaŋaa: i sultan taŋ tunuba ye.

Agit: ti ornoŋta nî kâddi ye.

Âmir: ti umndaṇ nî kâddi ye.

Aŋsar: ti kaŋgi tu kâddi tû-ken, dûmmo nûrci gi ye.

Basaŋa: i sultan mbo nâyirii ye.

Dabit: ti âskarta nî kâddi ye.

Dala: ti kâlifeṇ nî kâddi ye.

Firche: ti dalaje nî kâddi ye.

Gâdi: ti kaa kanaa ne nîdiranawo nda norgore gi ye, hâgudu nandaṇanawo du njiŋanta nonndonose, tenendan du domoŋgam nuluwi ye.

Gayit: ti âskarta nî kûjo ye.

Kâbten: ti âskarta nî kâddi ye, hâgudu kônonel molo sina ye.

Kâlife: ti hille ta kâddi ye.

Kônonel: ti dabitta nî kâddi ye.

Imam: ti hillem masik mo tebet de kaa sallu nindige gi ye.

Mâlik: ti hâkura ta kâddi ye.

Ornoŋ: ti bûgulaṇ hille taŋa nî kâddi ye, hâgudu ṇori ta kâddi ye.

Sultan: ti dar ta kâddi ye.

Umnda: ti firche ye, hâgudu dalaje nî kâddi ye.

Wândariŋa: tiro sultan kâyinu ganu nûtaŋ kâyiri ru tûṇa gi ye.

TÎNA

Kitab gu mîndiŋari gu, kitab Ibrahim Yaya Abdarahman ta ârinjeka mbo tîndiŋara ilu gâr ken sîkal ndeleŋ, kanaa masarak mbo morgoloṇiŋaye.

Ibrahim Yaya Abdarahman ti sene 1963 ilim, majirin lo Fachir madarsa sânawiyem gâr ke sêy-de, kitab gu katab geya tândaŋinaye. Hâgudu ndînjara ta gu du sene 2008 tîndiŋaraye.

Hâgudu mi du kaa sule na koy awun ambena, kanaa tuu koy rok mena. Hâgudu mândaŋini ta gu lêle jime jo 27 aye 4 sene 2012 mândaŋinaye.

Kaa kitab gu nîndiŋara wî i:

1) Âfandi Gamaraddin Mahamat Harun (hille Hajar Jambu, mahaliya Mestere)
2) Âfandi Ishak Kamis Mahamat (hille Tîrti, mahaliya Mestere)
3) Âfandi Abderazik Mahamat Ahmat (hille Tûrjo, mahaliya Mestere)
4) Âfandi Nuraddin Ahmat Abdalla (hille Meremta, mahaliya Bede)
5) Âfandi Juma Ibrahim Harun (hille Derende, mahaliya Mestere)
6) Âfandi Matar Mahamat Sileman (hille Jirib-Jirib, mahaliya Mestere)
7) Âfandi Abdalmajid Abdalla Sileman (hille Terbebe, mahaliya Mestere)

Hâgudu kaa munazama SIL taŋa awun ambena wî i: Yunisa Kuwa ta Aŋgela Firins mbo ye.

Hâgudu kaa kanaa wîwo rok amba nena wî dîsir mundun̄a wî ye. Hâgudu caki dar Masara ta Cad mana gim mâlikta du, hillen̄ mbo sutun̄ mbo awun ambena ye.

- *Sultan Mahamat Âli Tûrkucha*: Ishak Kamis Mahamat, Juma Ibrahim Harun
- *Dûsun̄ Âbunan̄ nîn̄:* Assadik Yaya
- *Firchekandi N̄ernen̄ nîg hillen̄ 82-98:* Dahiya Ismayil Kamis (hille Tulus, mahaliya Murne), Kamis Yusif Ahmad (hille Kûjun̄gur, mahaliya Murne)
- *Firchekandi Fûkun̄an̄ nîg hillen̄ 56-63:* Kamis Ishak
- *Firchekandi Fûkun̄an̄ nîg hillen̄ 64-73:* Juma Abdalla, Ibrahim Âbakar Jibrin
- *Firchekandi Mestere tag hillen̄ 87-89:* Arbab Farda (hille Kondoli, mahaliya Mestere)
- *Firchekandi Mînjiri nîg hillen̄ 65-102:* Mahamat Ibrahim, Âbulgasim Îdiris
- *Firchekandi Kôbore tag hillen̄ 30-34:* Kamis Abdalla Adam (hille Sugune, mahaliya Murne)
- *Firchekandi Hâbila tag hillen̄ 34-39:* Jibiril Yaya
- *Firchekandi Gûbbe tag hillen̄ 14-27:* Adam Abdalla
- *Konto Geren̄e:* Mâlik Harun Ishak Harun
- *Konto Môlo:* Mâlik Fadul Dûtum, Mâlik Harun Ishak
- *Konto Barde:* Mâlik Hassan Brahim, Mustafa Brahim, Fâki Burma Abdulaye, Âbakar Hissen
- *Konto Kado:* Îssa Mustafa, Umnda Gamar
- *Konto Mabrun:* Brahim Hamdan

Acknowledgements

This history of the Massalit people in the Massalit language is the culmination of over two years of work by a dedicated group of editors: Juma Ibrahim Harun, Abderazik Mahamat Ahmat, Nuraddin Ahmat Abdalla, Ishak Kamis Mahamat, Gamaraddin Mahamat Harun, and Matar Mahamat Sileman, joined later by Abdalmajid Abdalla Sileman. The editors are all Massalit from Darfur, currently residing in eastern Chad. They met twice a week from 2012 to 2014 and beyond, reading through a history of the Massalit people written in Arabic by Ibrahim Yahya Abdarahman, a Sudanese Massalit official, selecting relevant portions and translating them into Massalit. They wrote by hand in exercise books, then typed them into the computer for revision. They re-read and revised subsequent drafts many times. SIL literacy facilitator Eunice Kua and team leader Angela Prinz provided technical assistance in orthography, book layout and design.

The text of this book consists mostly of portions translated from Ibrahim Yahya's *"Masalit/Masaraa"* (2008), with his permission. *Mahdist Faith and Sudanic Tradition: The History of the Masalit Sultanate, 1870-1930* (1985, KPI Limited) by Lidwein Kapteijns was also helpful as a reference source. Where there were minor discrepancies between Kapteijns' and Ibrahim Yahya's accounts, Ibrahim Yahya's version was kept as the "insider" view.

The editors also made some changes or additions to the source text. The account of Sultan Mahamat Âli Tûrkucha was added based on oral tradition supplied by Ishak Kamis Mahamat and Juma Ibrahim Harun. Additional villages in Sudan were supplied by community elders from relevant regions, currently residing in Chad (names on p. 207). Additional villages in Chad were supplied by the relevant canton chiefs or their relatives (names on p. 207). Finally, village lists in the source text were accompanied by details of Massalit as well as occasionally other ethnic groups residing there. In this version, only the Massalit clans are cited. Where clan details are unknown, the entries have been left blank.

Remerciements

Cette histoire du peuple massalit en langue massalit est le fruit de plus de deux ans de travail d'une équipe des rédacteurs: Juma Ibrahim Harun, Abderazik Mahamat Ahmat, Nuraddin Ahmat Abdalla, Ishak Kamis Mahamat, Gamaraddin Mahamat Harun, et Matar Mahamat Sileman, ainsi que de Abdalmajid Abdalla Sileman qui les a rejoints plus tard. Ce sont tous des Massalits du Darfour résidant actuellement à l'est du Tchad. Ils se sont réunis deux fois par semaine de 2012 à 2014 pour lire, selectionner et traduire des portions selectionnées d'un livre d'histoire du peuple massalit écrit en arabe par Ibrahim Yahya Abdarahman, un personnage important parmi les Massalit du Soudan. Ils ont révisé et corrigé les ébauches du texte à plusieurs reprises. Les membres de l'équipe SIL Eunice Kua et Angela Prinz ont apporté une assistance technique, dans les domaines de l'orthographe et de la mise en page.

La grande majorité du texte de ce livre sont des portions traduites de l'ouvrage "Masalit/Masaraa" par Ibrahim Yahya (2008), avec sa permission. Les éditeurs se sont également inspirés d'un texte de réference, Mahdist Faith and Sudanic Tradition: The History of the Masalit Sultanate, 1870-1930 *(1985, KPI Limited) de Lidwien Kapteijns. Mais dans le cas où de petites différences entre le récit de Kapteijns et celui de Ibrahim Yahya apparaissent, c'est la version d'Ibrahim Yahya, présentant une perspective plus locale, qui a été retenue .*

L'équipe a fait aussi quelques changements et a ajouté des informations complémentaires. L'information sur Sultan Mahamat Ali Turkucha ne faisait pas partie du texte original; elle a été ajoutée selon la tradition orale relatée par Ishak Kamis Mahamat et Juma Ibrahim Harun. Les listes de villages du Soudan ont été vérifiées et des noms du villages ont été ajoutés par des Massalit originaires des régions concernées (détails p. 207). De même, les listes de villages du Tchad ont été vérifiées et des noms du villages ont été ajoutées par les chefs des cantons concernés ou les proches de ceux-ci (détails p. 207). Finalement, les listes de villages dans le texte original contenaient des noms des clans massalit et parfois ceux d'autres ethnies habitant dans ces villages. Dans ce livre, ce ne sont que les détails du clans massalit qui ont été retenus. Dans le cas où les clans d'habitants massalits ne sont pas connus, l'espace a été laissé vide.

Made in the USA
Columbia, SC
11 August 2024